HELMUT KRÜGER

Die Abhängigkeit der Amtshaftungsklage von der erfolgreichen Durchführung der Nichtigkeits- bzw. Untätigkeitsklage im Recht der EWG (Art. 215 Abs. 2 EWGV)

Schriften zum Internationalen Recht

Band 4

Die Abhängigkeit der Amtshaftungsklage von der erfolgreichen Durchführung der Nichtigkeits- bzw. Untätigkeitsklage im Recht der EWG

(Art. 215 Abs. 2 EWGV)

Von

Dr. Helmut Krüger

DUNCKER & HUMBLOT / BERLIN

CIP-Kurztitelaufnahme der Deutschen Bibliothek

Krüger, Helmut

Die Abhängigkeit der Amtshaftungsklage von der erfolgreichen Durchführung der Nichtigkeitsklage bzw. [beziehungsweise] Untätigkeitsklage im Recht der EWG: (Art. 215 Abs. 2 EWGV). — 1. Aufl. — Berlin: Duncker und Humblot, 1976. —
(Schriften zum Internationalen Recht; Bd. 4)
ISBN 3-428-03611-5

Gedruckt 1976 bei Buchdruckerei Richard Schröter, Berlin 61
Printed in Germany

ISBN 3 428 03611 5

Vorwort

Diese Arbeit hat dem Fachbereich Rechtswissenschaft der Johann Wolfgang Goethe-Universität in Frankfurt am Main als Dissertation vorgelegen.

Mein herzlicher Dank gilt meinem Doktorvater, Herrn Professor Dr. Rudolf Bernhardt, Direktor des Max-Planck-Instituts für ausländisches öffentliches Recht und Völkerrecht, Heidelberg, sowie Herrn Professor Dr. G. Jaenicke, Frankfurt am Main, für die Betreuung der Arbeit.

Darüber hinaus sei allen ausländischen Kollegen gedankt, die mir das Verständnis für ihre nationalen Rechtsordnungen erleichtern halfen. Nicht zuletzt möchte ich der Kommission der Europäischen Gemeinschaft für die Förderung der Arbeit meinen Dank sagen.

H. K.

Inhaltsverzeichnis

Abkürzungsverzeichnis

a. E.	=	am Ende
AG ZPO	=	Ausführungsgesetz zur Zivilprozeßordnung
AöR	=	Archiv für öffentliches Recht
AVR	=	Archiv des Völkerrechts
AWD	=	Außenwirtschaftsdienst
BAB	=	Wet Beroep Administratieve Beschikkingen
Bd.	=	Band
BGB	=	Bürgerliches Gesetzbuch
BGH(Z)	=	Bundesgerichtshof (in Zivilsachen)
BVG	=	Bundesverwaltungsgericht
BVerwGE	=	Bundesverwaltungsgerichtsentscheidungen
B. W.	=	Bugerlijk Wetboek
Cc	=	Còdice civile
CECA	=	Communauté Européenne du Charbon et de l'Acier
CLR	=	Columbia Law Review
CMLR	=	Common Market Law Review
DE	=	Droit Européen
DöV	=	Die öffentliche Verwaltung
DrCommEur	=	Droit des Communautés Européennes
DRZ	=	Deutsche Richterzeitung
DVBl.	=	Deutsches Verwaltungsblatt
EAGV	=	Vertrag über die Europäische Atomgemeinschaft
EGKSV	=	Vertrag über die Europäische Gemeinschaft für Kohle und Stahl
EuGH	=	Europäischer Gerichtshof
EuR	=	Europarecht
EWGV	=	Vertrag über die Europäische Wirtschaftsgemeinschaft
GG	=	Grundgesetz
Ges.	=	Gesetz
IGH	=	Internationaler Gerichtshof
JR	=	Juristische Rundschau
JuS	=	Juristische Schulung
JT	=	Journal des Tribunaux
JZ	=	Juristenzeitung
KSE	=	Kölner Schriften für Europarecht
MDR	=	Monatsschrift des Deutschen Rechts
NJW	=	Neue Juristische Wochenschrift
Pas. lux.	=	Pasicrisie luxembourgeoise
RDCO	=	Rivista del Diritto Commerciale e del Diritto generale delle Obligazioni
RDIC	=	Revue de Droit International et de Droit Comparé

RG(Z)	= Reichsgericht (in Zivilsachen)
RMC	= Revue du Marché Commun
R. O.	= Wet op de Rechterlijke Organisatie
Rspr. GH	= Rechtsprechung des Europäischen Gerichtshofs
RTDE	= Revue Trimestrielle du Droit Européen
RTDP	= Rivista Trimestrale di Diritto Publico
RW	= Rechtskundig Weekblad
SEW	= Sociaal-Economische Wetgeving
SJZ	= Süddeutsche Juristenzeitung
Tz.	= Teilziffer
VerfO	= Verfahrensordnung
VersR	= Versicherungsrecht
VO	= Verordnung
VVdStRL	= Veröffentlichungen der Vereinigung der deutschen Staatsrechtslehrer
VwGO	= Verwaltungsgerichtsordnung
WRP	= Wettbewerb in Recht und Praxis
WuW	= Wirtschaft und Wettbewerb
ZaöRVR	= Zeitschrift für ausländisches öffentliches Recht und Völkerrecht
ZfgHRWR	= Zeitschrift für das gesamte Handelsrecht und Wirtschaftsrecht
ZZP	= Zeitschrift für Zivilprozeß

Einleitung

Für den Fall, daß eine Einzelperson, beispielsweise ein Industrie- oder Exportunternehmen, durch eine rechtswidrige Entscheidung im Sinne von Art. 189 Abs. 4 EWGV einen Schaden erleidet, sieht der EWG-Vertrag in zweifacher Hinsicht Rechtsschutz vor. Zum einen kann der Betroffene die Nichtigkeitsklage nach Art. 173 Abs. 2 EWGV[1] mit dem Ziel der Aufhebung der Entscheidung erheben, zum anderen steht ihm die Schadensersatzklage nach Art. 215 Abs. 2 EWGV, also eine Art Amtshaftungsklage[2] offen. Kommt es ihm lediglich auf den Ersatz des Schadens an, so wird er unmittelbar die Amtshaftungsklage einreichen, ohne zuvor die fehlerhafte Entscheidung durch eine Nichtigkeitsklage aus der Welt zu schaffen.

Auf den ersten Blick begegnet dieser direkte Weg keinen Bedenken. Der Europäische Gerichtshof[3] hat jedoch im Jahre 1963 eine auf die Rechtswidrigkeit einer Entscheidung gestützte Amtshaftungsklage als unbegründet abgewiesen, nachdem es dem Kläger nicht gelungen war, zuvor die Nichtigerklärung der Entscheidung herbeizuführen („Plaumannfall")[4]. Ein nicht für nichtig erklärter Verwaltungsakt — so hieß es — könne als solcher keinen Amtsfehler darstellen, durch den die Verwaltungsunterworfenen verletzt würden[5]. Damit verwies der Europäische Gerichtshof die Schadensersatzklage, soweit sie neben der Nichtigkeitsklage in Frage kommt, an die zweite Stelle; er machte sie von der erfolgreichen Durchführung der Nichtigkeitsklage abhängig[6].

---

[1] Der Terminus Nichtigkeitsklage hat sich ungeachtet der dagegen erhobenen Bedenken (vgl. *Groeben - Boeckh*, Kommentar, Anm. 2 zu Art. 173 EWGV) allgemein durchgesetzt, vgl. *Daig* AöR 83, 164; *Ehle*, Kommentar, Tz. 1 zu Art. 173 EWGV.

[2] Der Begriff „Amtshaftungsklage" soll hier aus Gründen der Einfachheit in allen Fällen verwendet werden, wo es um die außervertragliche Haftung der Gemeinschaft geht. Gleiches gilt für die Verwendung des Begriffs „Amtshaftung".

[3] Im folgenden wird unter „Europäischer Gerichtshof" oder „Gerichtshof" der Gerichtshof der Europäischen Gemeinschaften verstanden.

[4] Rspr. GH IX, 215 ff.

[5] Rspr. GH IX, 216 und 240.

[6] In einem gleichgelagerten späteren Fall ließ er die These des „Plaumannfalles" allerdings nicht wieder aufleben, womit er sie stillschweigend verworfen hat, vgl. Rspr. GH XVII, 325 und 336, bestätigt in Rspr. GH XVII, 975 und 983 f.; XVIII, 391 und 404; XIX, 1055 und 1070.

Anhänger einer solchen Auffassung werden einer jeden auf eine rechtswidrige Entscheidung gestützten Schadensersatzklage den Erfolg versagen müssen, sofern die gleichfalls denkbare Nichtigkeitsklage unterbleibt oder aus prozessualen bzw. materiellrechtlichen Gründen abgewiesen wird. Prozeß- und Begründetheitsvoraussetzungen der Nichtigkeitsklage werden dadurch gleichsam in die Schadensersatzklage des Art. 215 Abs. 2 EWGV hineinprojiziert, so daß sie wie deren eigene Voraussetzungen fungieren, ohne es eigentlich zu sein. Der Rechtsschutz des durch eine rechtswidrige Entscheidung Geschädigten erfährt also gegenüber demjenigen eines auf andere Weise Geschädigten eine beträchtliche Einschränkung.

Die gleiche Problematik läßt sich in konsequenter Fortführung der Aussage des oben angeführten Urteils auch dann denken, wenn der einzelne deshalb einen Schaden erleidet, weil es der Rat oder die Kommission unterlassen hat, eine Entscheidung zu erlassen[7]. Unterbleibt oder scheitert die dann in Frage kommende Untätigkeitsklage nach Art. 175 Abs. 3 EWGV[8] an einer ihrer Zulässigkeits- oder Begründetheitsvoraussetzungen, so kann wiederum für die Schadensersatzklage nach Art. 215 Abs. 2 EWGV der Schluß gezogen werden, ein Amtsfehler liege nicht vor. Die der Untätigkeitsklage eigenen Voraussetzungen werden danach auf die Schadensersatzklage in gleicher Weise einwirken, wie es zuvor bei der Nichtigkeitsklage dargelegt worden ist, mit der Folge, daß der Rechtsschutz nach Art. 215 Abs. 2 EWGV auch hier durch außerhalb der Norm liegende Merkmale eingeschränkt ist[9].

Ein gleichlautendes Ergebnis wird schließlich dann zu verzeichnen sein, wenn der Schaden nicht auf einer (unterlassenen) Entscheidung, sondern auf einem anderen rechtswidrigen Akt im Sinne von Artikel 189 EWGV (z. B. einer Verordnung oder Richtlinie) bzw. der rechtswidrigen Unterlassung einer solchen Maßnahme beruht. Da in diesen Fällen Nichtigkeits- und Untätigkeitsklagen wegen fehlender Klagebefugnis regelmäßig ausgeschlossen sind, tritt hier bei Bejahung der These des „Plaumannfalls“ eine besonders spürbare Rechtsschutzbeschränkung in Erscheinung, da dem Geschädigten weder nach den Artikeln 173 und 175 EWGV noch über Art. 215 Abs. 2 EWGV Rechtsschutz wird zukommen können.

Aufgabe der vorliegenden Arbeit soll daher die Untersuchung sein, ob sich eine Abhängigkeit der Schadensersatzklage von der erfolgreichen

---

[7] So etwa in dem in Rspr. GH XVII, 325 ff. entschiedenen Fall.

[8] Der Terminus Untätigkeitsklage ist dem deutschrechtlichen Begriff Verpflichtungsklage vorzuziehen, da der Europäische Gerichtshof das beklagte Organ nicht verpflichtet, sondern lediglich die Verletzung des Vertrages feststellt, vgl. *Ule*, Juristentag 1966, Bd. I, 29.

[9] Vgl. den Vortrag der Klägerin in dem Rechtsstreit in Rxpr. GH XVII, 329 f.

Durchführung der Nichtigkeits- bzw. Untätigkeitsklage an Hand des EWG-Vertrages rechtfertigen läßt bzw. welche Rechtsschutzbeschränkungen ggf. zulässig sind. Da sich eine Abhängigkeit der Schadensersatzklage sowohl in bezug auf ihre Zulässigkeit als auch in bezug auf ihre Begründetheit denken läßt, wird sich die Untersuchung in zwei Teile gliedern: einen über die Auswirkungen gescheiterter oder unterbliebener Nichtigkeits- bzw. Untätigkeitsklagen (negative Nichtigkeits- bzw. Untätigkeitsklagen) auf die Zulässigkeit und einen weiteren über die Auswirkungen negativer Nichtigkeits- bzw. Untätigkeitsklagen auf die Begründetheit der Schadensersatzklage.

TEIL I

Die Auswirkungen negativer Nichtigkeits- bzw. Untätigkeitsklagen auf die Zulässigkeit der Amtshaftungsklage

§ 1 Die Lösungsansätze im Recht der Europäischen Wirtschaftsgemeinschaft

Die Frage, ob es sich auf die Zulässigkeit der Amtshaftungsklage nach Art. 215 Abs. 2 EWGV auswirkt, wenn der schadenstiftende Akt bzw. das schadenauslösende Unterlassen eines Aktes nicht zuvor im Wege einer Nichtigkeits- bzw. Untätigkeitsklage angegriffen wurde, ist seit dem „Plaumannfall"[1] recht häufig diskutiert worden, obgleich dieser Fall nicht aus prozessualen, sondern aus materiellrechtlichen Gründen abgewiesen worden war. Fast könnte man die Behauptung aufstellen, daß gerade erst die Diskussion um den „Plaumannfall" das Argument, wonach eine negative Nichtigkeits- bzw. Untätigkeitsklage die Amtshaftungsklage unzulässig mache, hervorgebracht habe.

Ihren Grund findet diese Entwicklung vermutlich darin, daß sich das Amtshaftungsrecht des EWG-Vertrages aus den Vorschriften der Artikel 34 und 40 EGKSV entwickelt hat, wo die hier aufgeworfene Frage seit Anbeginn breiter Erörterung unterzogen worden war. Der vergleichenden Heranziehung des Rechts der Montanunion wird daher in folgendem besonderes Gewicht zukommen. Ehe jedoch der Rückgriff auf die Vorläufer der EWG-rechtlichen Lösung erfolgen kann, sollen die Lösungsansätze des EWG-Rechts selbst untersucht werden.

A. Artikel 215 Abs. 2 EWGV

Alle Überlegungen zur aufgeworfenen Frage scheinen von der Schadensersatzvorschrift des Artikels 215 Abs. 2 EWGV mit ihrer Verweisung auf die Rechtsordnungen der Mitgliedstaaten ausgehen zu müssen. Indem diese Bestimmung jedoch mit Begriffen wie „Haftung", „in Ausübung ihrer Amtstätigkeit" und „Schaden" ausschließlich materiellrechtliche Voraussetzungen aufzählt, stellt sie sich als Vorschrift rein materiellrechtlicher Natur dar, so daß auch ihre Verweisung auf die

[1] Rspr. GH IX, 215 ff.

den nationalen Rechtsordnungen gemeinsamen allgemeinen Rechtsgrundsätze lediglich materiellrechtliche Grundsätze anvisieren kann. Aufschluß über die Zulässigkeit der Klage ist mithin aus Art. 215 Abs. 2 EWGV selbst nicht zu gewinnen[2].

Verstärkt wird dieses Argument durch die systematische Stellung von Art. 215 Abs. 2 EWGV, da er sich nicht in den Abschnitt über den Europäischen Gerichtshof (Art. 164 ff. EWGV) einordnet, sondern zusammen mit verschiedenen anderen Regelungen in den „Sechsten Teil" des Vertrages mit der Überschrift „Allgemeine und Schlußbestimmungen" aufgenommen worden ist, dies, obwohl nach Art. 178 EWGV der Europäische Gerichtshof auch für Schadensersatzklagen zuständig ist. Hätte er prozessuale Regelungen mit umfassen sollen, so wäre die Trennung von Artikel 178 EWGV sowie den sonstigen Verfahrensvorschriften der Artikel 164 ff. EWGV nicht erforderlich gewesen.

Für die Frage der Auswirkungen negativer Nichtigkeits- bzw. Untätigkeitsklagen auf die Zulässigkeit der Amtshaftungsklage muß daher Art. 215 Abs. 2 EWGV außer Betracht bleiben.

B. Artikel 176 Abs. 2 EWGV

Erster Aufschluß scheint sich hingegen aus der mit dem prozessualen Verhältnis von Art. 215 Abs. 2 EWGV zu den Artikeln 173 und 175 EWGV speziell befaßten Vorschrift des Art. 176 Abs. 2 EWGV zu ergeben. Hiernach können die aus einem Nichtigkeits- bzw. Untätigkeitsurteil erwachsenden Verpflichtungen unbeschadet der Schadensersatzpflicht nach Art. 215 Abs. 2 EWGV angeordnet werden, woraus grundsätzlich zu folgern ist, daß Schadensersatzklagen und Nichtigkeits- bzw. Untätigkeitsklagen nebeneinander denkbar und zulässig sind. Urteile, die auf Nichtigkeits- bzw. Untätigkeitsklagen ergehen, üben damit auf die Zulässigkeit einer Amtshaftungsklage keinen Einfluß aus.

Art. 176 Abs. 2 EWGV beschränkt diese Aussage jedoch auf die Situation bei positiven, d. h. erfolgreich durchgeführten Nichtigkeits- bzw. Untätigkeitsklagen und läßt die hier interessierende Frage, ob die

---

[2] Ungeachtet dessen ist die Hilfsfunktion der allgemeinen Rechtsgrundsätze, die den Rechtsordnungen der Mitgliedsstaaten gemeinsam sind, auch im prozessualen Bereich anerkannt. Dies ergibt sich aus der Natur des EWG-Rechts als einem zwischenstaatlichen, völkerrechtsähnlichen Recht, das bewußt nicht in aller Ausführlichkeit redigiert wurde. Lücken können daher, ähnlich wie es Art. 38 I c Statut des Internationalen Gerichtshofs für das Völkerrecht vorsicht, im Wege rechtsvergleichender Methode — beschränkt auf die Rechtsordnungen der Mitgliedstaaten — geschlossen werden, vgl. *Daig* AöR 83, 183; *Roemer* Rspr. GH IX, 259; *Ehle* NJW 1963, 935; *Tomuschat,* S. 18 f.; *Lagrange* CMLR 1965/66, Bd. III, 31; *Much,* Staatshaftung S. 728; *van der Burg* SEW 1969, 202; *Nicolaysen* EuR 1973, 384.

Ein ergänzender Rechtsvergleich befindet sich daher unter Teil I, § 3 B.

Zulässigkeit der Amtshaftungsklage auch dann zu bejahen ist, wenn die Nichtigkeits- bzw. Untätigkeitsklage ohne Erfolg blieb oder nicht zur Durchführung kam, unbeantwortet.

C. Artikel 184 EWGV

Im Gegensatz dazu ist der Vorschrift des Art. 184 EWGV insofern ein Indiz zu entnehmen, als nach ihr eine nicht oder nicht mehr anfechtbare Verordnung in einem Rechtsstreit, bei dem es auf die Geltung dieser Verordnung ankommt, ungeachtet der für eine Nichtigkeitsklage fehlenden Klagebefugnis bzw. der verstrichenen Klagefrist, d. h. trotz negativer Nichtigkeitsklage, inzident auf ihre Rechtmäßigkeit überprüft werden kann, wobei mangels Einschränkung des Art. 184 EWGV davon auszugehen ist, daß als Rechtsstreit im Sinne dieser Vorschrift auch ein Schadensersatzprozeß nach Art. 215 Abs. 2 EWGV in Frage kommt[3]. Ist aber die inzidente Überprüfung einer nicht für nichtig erklärten Verordnung in Art. 215 Abs. 2 EWGV kraft Gesetzes erlaubt, so impliziert dies für diesen speziellen Fall die Zulässigkeit der Amtshaftungsklage und damit ihre prozessuale Unabhängigkeit von der negativen Nichtigkeitsklage.

Art. 184 EWGV liefert damit — auch wenn beschränkt auf den Fall rechtswidriger Verordnungen — einen ersten Hinweis dafür, daß auch negative Nichtigkeits- bzw. Untätigkeitsklagen auf die Zulässigkeit der Amtshaftungsklage keine Auswirkungen zu haben scheinen.

D. Artikel 176 Abs. 2 EWGV als Verweisungsnorm zum Montanvertrag

Gewißheit kann in der anstehenden Frage jedoch erst durch einen Blick auf die Parallelproblematik des Montanvertrages gewonnen werden, wobei der oben zitierten Vorschrift des Art. 176 Abs. 2 EWGV über die schon dargelegte Bedeutung hinausgehend eine Schlüsselfunktion zukommt.

Auf den ersten Blick handelt es sich bei der Klarstellung in Art. 176 Abs. 2 EWGV um eine Selbstverständlichkeit, für welche sich im EWG-Vertrag angesichts der Verschiedenheit von Streitgegenstand und Klagegründen der in Frage stehenden Rechtsbehelfe[4] keine Notwendigkeit erkennen läßt, zumal Art. 215 Abs. 2 EWGV die oben beschriebene redaktionelle Trennung von den übrigen Rechtsbehelfen erfahren hat.

---

[3] So *Bebr*, Judicial Control S. 144; *Quadri*, Anm. 2 zu Art. 184 EWGV; *Ule*, Juristentag 1966, Bd. I, 38; *Ehle*, Kommentar, Tz. 7 zu Art. 184 EWGV. Vgl. auch *Dutheillet de Lamothe* Rspr. GH XVIII, 413 f.

[4] Vgl. dazu *Goffin* JT 1963, 239; *ders.* RW 1963, 2160; *Ehle*, Kommentar, Tz. 5 zu Art. 178 EWGV; *van der Burg* SEW 1969, 212.

Wenn die Schöpfer des Vertrages Art. 176 Abs. 2 EWGV dennoch in das Vertragswerk aufgenommen haben, so nicht so sehr aus Gründen, die im EWG-Vertrag selbst zu suchen wären, sondern, um das Haftungsrecht des EWG-Vertrages deutlich von seinem montanrechtlichen Vorbild loszulösen, genauer gesagt, um klarzustellen, daß die im Recht der Montanunion bestehende Dualität des Haftungssystems mit allen ihren Konsequenzen im EWG-Recht nicht wieder aufleben sollte[5].

Im dualistischen Haftungssystem des Montanrechts stellt aber die Frage der Auswirkungen negativer Nichtigkeits- bzw. Untätigkeitsklagen (Artikel 33 und 35 EGKSV) auf die Zulässigkeit der allgemeinen — Art. 215 Abs. 2 EWGV entsprechenden — Amtshaftungsklage (Art. 40 Abs. 1 EGKSV) ein bedeutendes Problem dar, so daß aus der Hereinnahme des Art. 176 Abs. 2 EWGV in das Recht der Europäischen Wirtschaftsgemeinschaft per argumentum e contrario gefolgert werden muß, daß die in der montanrechtlichen Parallelfrage gefundene Lösung für das EWG-Recht keine Verbindlichkeit besitzen soll.

Kann damit die eigentliche Aussage von Art. 176 Abs. 2 EWGV erst durch einen Vergleich mit dem historischen Vorläufer des EWG-Vertrages, dem Montanvertrag, gewonnen werden, so ist es an dieser Stelle erforderlich, das dualistische Haftungssystem des Montanrechts näher darzulegen und die dortige Lösung des Parallelproblems aufzuzeigen.

§ 2 Das Parallelproblem im Haftungsrecht des Montanvertrages

Das Haftungssystem des Montanrechts kennt im Gegensatz zum Recht der Europäischen Wirtschaftsgemeinschaft zwei Haftungsbestimmungen: Art. 40 Abs. 1 EGKSV einerseits und Art. 34 Abs. 1 Satz 3 EGKSV andererseits. Hinzu kommt die Vorschrift des Art. 34 Abs. 2 EGKSV, die jedoch als bloßer Ausfluß von Art. 34 Abs. 1 Satz 3 EGKSV im vorliegenden Zusammenhang keiner besonderen Betrachtung bedarf[6].

Diese Dualität des Haftungssystems ergibt sich aus einer dem EWG-Recht fremden Unterscheidung des die Haftung auslösenden Tatbestan-

---

[5] Vgl. *Roth*, S. 87 f.; *Much* sieht die Bedeutung von Art. 176 Abs. 2 EWGV zu eng, vgl. Staatshaftung S. 749.

[6] Die Ansicht *Blanchets*, der Schaden im Sinne von Art. 34 Abs. 2 EGKSV beruhe nicht auf einer fehlerhaften Entscheidung, sondern auf dem Unterlassen der in Art. 34 Abs. 1 Satz 3 EGKSV genannten Wiedergutmachungspflicht, ist formaler Natur, vgl. KSE 1, 346. In Wirklichkeit bilden Art. 34 Abs. 1 und 2 EGKSV eine Einheit, so daß die Schadensersatzvoraussetzungen in Art. 34 Abs. 2 EGKSV mit den in Art. 34 Abs. 1 Satz 3 EGKSV aufgezählten Merkmalen identisch sind. So auch *Knöpfle* NJW 1961, 2288; *Goffin* JT 1963, 115.

des: So ist haftungsauslösendes Element für Art. 40 Abs. 1 EGKSV ein Amtsfehler, für Art. 34 Abs. 1 Satz 3 EGKSV hingegen eine fehlerhafte Entscheidung oder Empfehlung der Hohen Behörde (Kommission) bzw. die rechtswidrige Unterlassung einer solchen Maßnahme. Die Auswirkungen dieses Umstandes sind beträchtlich, unterscheiden sich doch beide Normen infolgedessen verfahrens- und materiellrechtlich in hohem Maße.

A. Verfahrensrechtliche Unterschiede zwischen Art. 34 Abs. 1 Satz 3 EGKSV und Art. 40 Abs. 1 EGKSV

Schadensersatz nach Art. 34 Abs. 1 Satz 3 EGKSV kann im Gegensatz zu Schadensersatz nach Art. 40 Abs. 1 EGKSV nicht unmittelbar geltend gemacht werden. Der Kläger muß vielmehr zunächst eine Nichtigkeitsklage gemäß Art. 33 Abs. 2 EGKSV erheben, d. h. die fehlerhafte Maßnahme aufheben lassen. Dies gilt auch dann, wenn Fehlerhaftigkeit und entstandener Schaden offensichtlich sind[7].

Ein richterlicher Ausspruch über die Schadensersatzverpflichtung erfolgt im Rahmen der Nichtigkeitsklage jedoch nicht. Ein innerhalb dieses Verfahrens gestellter Antrag wäre ohne rechtliche Bedeutung und ungeeignet, das Gericht zu einem entsprechenden Ausspruch im Nichtigkeitsurteil zu bewegen[8]. Alles, was daher der Gerichtshof nach Art. 33 EGKSV und Art. 34 Abs. 1 Satz 1 EGKSV tun kann und muß, ist, die Aufhebung der Maßnahme auszusprechen und die Sache an die Hohe Behörde (Kommission) zurückzuverweisen[9].

Die Schadensersatzgewährung nach Art. 34 Abs. 1 Satz 3 EGKSV erfolgt sodann in einer zweiten Stufe, wobei entscheidendes Organ nicht mehr der Gerichtshof, sondern die Hohe Behörde (Kommission), d. h. die Exekutive selbst ist. Die nach Art. 34 Abs. 1 Satz 3 EGKSV zu ergeifende Maßnahme stellt sich damit nicht als unmitelbare Folge des richterlichen Ausspruchs dar, sondern als Auswirkung eines gegenüber der auf-

---

[7] Vgl. *Much, Amtshaftung* S. 60 f. und 92; *ders.* Staatshaftung S. 748; *Jerusalem*, S. 63; *Goffin* RW 1963, 2150; *ders.* JT 1963, 115; *ders.* DrCommEur Nr. 454; *EuGH* Rspr. GH VI, 1053.

[8] Auch eine Klageverbindung von Nichtigkeitsklage und Klage nach Art. 34 Abs. 1 Satz 3 EGKSV ist daher ausgeschlossen, vgl. *Much,* Amtshaftung S. 92; *ders.* Staatshaftung S. 748; *Lagrange* Rspr. GH VII, 377; *Goffin* JT 1963, 115; *ders.* DrCommEur Nr. 943.

Allerdings kann der Kläger die nach Art. 34 Abs. 1 Satz 3 EGKSV notwendige Feststellung, daß die Entscheidung „mit einem die Haftung der Gemeinschaft begründenden Fehler behaftet ist" bereits im Nichtigkeitsprozeß beantragen. In diesem Sinne *Daig,* Actes officiels, Bd. IV, 56; *Much,* Amtshaftung S. 62 und 92; *ders.* Staatshaftung S. 748; *Goffin* DrCommEur Nr. 943.

[9] Das Urteil im Nichtigkeitsprozeß hat kassatorische Wirkung. Es ist seinem Wesen nach ein der Vollstreckung unfähiges negatives Gestaltungsurteil, vgl. *Much,* Amtshaftung S. 55 und 66.

gehobenen Entscheidung bzw. Empfehlung erneuten — grundsätzlich ungebundenen — Tätigwerdens der Hohen Behörde (Kommission), desjenigen Organs also, das zuvor die fehlerhafte Maßnahme getroffen hat. Ausführende und richterliche Gewalt werden streng voneinander getrennt, so daß der Kläger nicht mehr Einfluß auf die Schadensregulierung hat, als daß er die Nichtigkeitsklage des Art. 33 EGKSV in Gang setzt[10].

Für den Fall, daß Art. 34 Abs. 1 Satz 3 EGKSV wegen eines Schadens in Anspruch genomemn wird, der dadurch entstand, daß es die Hohe Behörde (Kommission) rechtswidrig unterlassen hat, einen Akt zu erlassen, gilt das Gesagte entsprechend.

B. Materiellrechtliche Unterschiede zwischen Art. 34 Abs. 1 Satz 3 EGKSV und Art. 40 Abs. 1 EGKSV

Neben diesem gegenüber Art. 40 Abs. 1 EGKSV schwerfälligen Verfahren weist Art. 34 Abs. 1 Satz 3 EGKSV eine Reihe materiellrechtlicher Merkmale auf, die ihn von der Vorschrift des Art. 40 Abs. 1 EGKSV zusätzlich unterscheiden. Im einzelnen trifft dies für die Begriffe „Fehler“, „Schaden“, „Wiedergutmachung“ bzw. „Entschädigung“ sowie einige weitere Voraussetzungen zu, die sich nicht aus Art. 34 Abs. 1 Satz 3 EGKSV selbst, sondern aus den Vorschriften der Artikel 33 und 35 EGKSV ableiten.

I. Der Fehlerbegriff

Art. 34 Abs. 1 Satz 3 EGKSV setzt im Gegensatz zur Regelung in Art. 40 Abs. 1 EGKSV das Vorliegen eines „die Haftung der Gemeinschaft begründenden Fehlers“ voraus, wobei der Wortlaut nicht näher zum Ausdruck bringt, was unter dieser Qualifikation zu verstehen ist[11]. Insbesondere fehlt ein Hinweis auf die Abgrenzung zu dem in Art. 40 Abs. 1 EGKSV verwendeten Begriff des „Amtsfehlers“. Nur soviel scheint auf Grund der verschiedenen Formulierungen festzustehen, daß eine Übereinstimmung der Begriffe nicht gewollt ist[12].

---

[10] Zum Prinzip der Gewaltenteilung vgl. *Much*, Amtshaftung S. 54 f. *Daig*, Actes officiels, Bd. IV, 61.

[11] Nach *Ophüls* sollen unabsehbare, in nur losem Zusammenhang mit der aufgehobenen Maßnahme stehende Ersatzforderungen ausgeschlossen sein, vgl. NJW 1951, 695. Ähnlich *Much*, Amtshaftung S. 62; *ders.* Staatshaftung S. 732; *Jerusalem*, S. 64; *Daig*, Actes officiels, Bd. IV, 58; *Constantinesco*, Actes officiels, Bd. IV, 350; *Goffin*, RW 1963, 2148.

[12] Vgl. *Constantinesco*, Actes officiels, Bd. IV 349; *Goffin* DrCommEur Nr. 454. Demgegenüber überzeugen nicht die Auffassungen von *Schlochauer* AVR 3, 410; *Valentine*, S. 228; *Fuß* EuR 1968, 353.

Der Schlüssel zur Abgrenzung liegt, wie zu zeigen sein wird, in einer Heranziehung des französischen Rechts, d. h. der Rechtsprechung des französischen Staatsrats zum Begriff der „faute de service“[13].

Anders als bei der deutschrechtlichen Amtspflichtverletzung nach Art. 34 Satz 1 GG in Verbindung mit § 839 Abs. 1 Satz 1 BGB, anders auch als im französischen Zivilrecht setzt die „faute de service“ des französischen Amtshaftungsrechts[14] ein Verschulden voraus, das den Standort der Haftung wegen „faute de service“ etwa in die Mitte zwischen zivilrechtliche Verschuldenshaftung und bloße Risikohaftung verweist[15].

Während im Zivilrecht eine Individualisierung des Verschuldens verlangt wird, indem dieses auf einen bestimmten Beamten bezogen, konkret nachgewiesen werden muß[16], weist die Amtshaftung des französischen Rechts einen anonymen Charakter auf[17]. Es genügt das Versagen der Staatsmaschinerie schlechthin[18], während persönliches Verschulden des Beamten nicht nachgewiesen sein muß[19]. Entscheidend ist das vorwerfbare So-sein oder So-verhalten der Behörde[20], ihre fehlerhafte Organisation als technische Einheit[21].

Diese Auffassung von einem bloßen Verwaltungsverschulden[22] ist infolge der bewußten Anlehnung des montanrechtlichen Haftungsrechts an das französische Vorbild auch in den Montanvertrag eingeflossen[23].

---

[13] Vgl. *Much*, Amtshaftung S. 36 und 62; *Daig*, Actes officiels, Bd. IV, 57.

[14] Das französische Amtshaftungsrecht gehört anders als das deutsche Amtshaftungsrecht nicht dem Zivilrecht sondern dem Verwaltungsrecht an. Die Artikel 1382 ff. Code Civil sind nicht anwendbar, auch nicht analog, vgl. *Much*, Amtshaftung S. 32; *Fromont*, Staatshaftung S. 147; *Rivero*, Nr. 278.

[15] Vgl. *Much*, Amtshaftung S. 32 und 35; *ders.* Staatshaftung S. 730; *Lagrange* Rspr. GH V, 546 f. Die Übersetzung des Begriffs „faute de service“ mit Amtsfehler läßt diese Wesensmerkmale nicht deutlich zum Ausdruck kommen, vgl. *Schlochauer* AVR 3, 408; *Much*, Amtshaftung S. 32; *Jerusalem*, S. 62.

[16] Vgl. *Much*, Amtshaftung S. 33.

[17] Vgl. *Schlochauer* AVR 3, 408; *ders.* Rechtsschutz S. 34; *Much*, Amtshaftung S. 33; *ders.* Staatshaftung S. 730; *Jerusalem*, S. 62 f.; *Rivero*, Nr. 285. Kritisch zum Ausdruck „anonym“, wenn auch in der Sache nicht abweichend: *Vedel*, S. 326 f.

[18] Vgl. *Much*, Amtshaftung S. 33; *Jerusalem*, S. 63; *Rivero*, Nr. 285.

[19] Vgl. *Fromont*, Staatshaftung S. 150; *Much*, Amtshaftung S. 33; *ders.* Staatshaftung S. 730; *Jerusalem* S. 63; *Rivero*, Nr. 285.

[20] Vgl. *Much*, Amtshaftung S. 33.

[21] Vgl. *Schlochauer* AVR 3, 408 und die dortigen Zitate der älteren französischen Literatur; *Much*, Amtshaftung S. 33; *Daig*, Actes officiels, Bd. IV, 64.

[22] Vgl. *Much*, Amtshaftung S 35.

[23] Vgl. *Much*, Amtshaftung S. 31; *Jerusalem*, S. 62; *Schlochauer*, Rechtsschutz S. 30; *Goffin* DrCommEur Nr. 430; *Lagrange* CMLR 1965/66, Bd. III, 20 ff.; *ders.* Rspr. GH V, 543 ff.; *Quadri*, Anm Nr. 3 zu Art. 215 EWGV.

Da sie jedoch sowohl dem Fehlerbegriff in Art. 40 Abs. 1 EGKSV[24] als auch demjenigen des Art. 34 Abs. 1 Satz 3 EGKSV[25] zugrunde gelegt wird, zeigt sich der Unterschied zwischen beiden Vorschriften erst bei einem weiteren aus dem französischen Recht herrührenden Erfordernis, der Schwere des Fehlers.

Die diesbezüglichen Vorstellungen sind im Montanrecht erst wenig ausgeprägt[26]; doch kann als gesichert gelten, daß es zur Bejahung eines Amtsfehlers im Sinne von Art. 40 Abs. 1 EGKSV keiner „faute lourde" oder „faute grave"[27] bedarf. Das Vorliegen eines gewöhnlichen Fehlers genügt[28].

Wird aber für Art. 40 Abs. 1 EGKSV die Tendenz erkennbar, einem weiteren Verschuldensbegriff gegenüber einem engeren den Vorzug einzuräumen, so kann der Sinn der abweichenden Formulierung des Art. 34 Abs. 1 Satz 3 EGKSV nur darin liegen, einer Einschränkung das Wort zu reden[29]. Diese engere Auslegung wird zudem von der ratio des Art. 34 EGKSV gestützt, wonach die Haftung der Gemeinschaft besonders dort begrenzt sein soll, wo Fehler in Ausübung hoheitlicher Tätigkeit begangen werden[30].

Es kann damit festgehalten werden, daß der Begriff des die Haftung der Gemeinschaft begründenden Fehlers im Sinne von Art. 34 Abs. 1 Satz 3 EGSKV einer engeren Auslegung unterliegt als das Merkmal des Amtsfehlers in Art. 40 Abs. 1 EGKSV.

---

[24] So prüft der Gerichtshof lediglich das Verhalten der Verwaltung als solche und läßt das persönliche Verhalten eines individuell bestimmten Beamten regelmäßig außer Betracht, vgl *EuGH* Rspr. GH II, 14; III, 88 und 133; V, 535 ff.; VII, 368; VIII, 784; IX, 446; XI, 1232 sowie *Schlochauer* AVR 3, 408; *ders.* Rechtsschutz S. 34; *Much,* Amtshaftung S. 31; *ders.* Staatshaftung S. 731 f.; *Jerusalem,* S. 62; *Daig,* Actes officiels, Bd. IV, 64; *Lagrange* Rspr. GH V, 546 f.; *ders.* Rspr. GH VIII, 799; *Roemer* Rspr. GH VII, 511; *Fuß* EuR 1968, 361; *Goffin* DrCommEur Nr. 434.

[25] Vgl. *Daig,* Actes officiels, Bd. IV, 58. *Much* leitet diese Ansicht aus der Entstehungsgeschichte von Art. 34 EGKSV ab, vgl. Amtshaftung S. 62. Vgl. desweiteren *Fuß* EuR 1968, 361; *Constantinesco,* Actes officiels, Bd. IV, 349 ff.

[26] Vgl. *Schlochauer* AVR 3, 409; *Much,* Staatshaftung S. 732 f.; *Lagrange* Rspr. GH VII, 376.

[27] Die Termini sind gleichbedeutend. Eine „faute lourde" verlangt der französische Staatsrat beim Handeln bestimmter Träger der öffentlichen Verwaltung, deren Tätigkeit als besonders schwierig und vorrangig angesehen wird, vgl. *Rivero,* Nr. 287; *Waline,* Nr. 1489 ff.; *Fromont,* Staatshaftung S. 152.

[28] *Goffin* hat dies an den Entscheidungen in Rspr. GH III, 83 ff.; VII, 345 ff.; VII, 611 ff.; XI, 1107 ff. sehr klar nachgewiesen. Darüber hinaus wird diese Auffassung auch von den Generalanwälten Gand und Lagrange geteilt, vgl. *Gand* Rspr. GH XI, 442 f.; *Lagrange* Rspr. VII, 376; *ders.* Rspr. GH VIII, 802.

[29] Im Sinne dieser Auslegung: *Much,* Staatshaftung S. 750; *Schlochauer* AVR 3, 409; *ders.* Rechtsschutz S. 35; *Knöpfle* NJW 1961, 2288.

[30] Vgl. *Schlochauer* AVR 3, 410; *ders.* Rechtsschutz S. 35.

II. Der Schadensbegriff

Während in Art. 40 Abs. 1 EGKSV das Merkmal Schaden mit keinem Attribut versehen ist, setzt es in Art. 34 Abs. 1 Satz 3 EGKSV zwei Eigenschaften voraus: das Vorliegen von Unmittelbarkeit und Besonderheit. Beide Begriffe entstammen wiederum dem französischen Haftungsrecht[31].

1. Der unmittelbare Schaden

Dabei erweist sich das Erfordernis der Unmittelbarkeit des Schadens — französisch „cause directe“ genannt[32] — dort als ein Element des Kausalzusammenhangs. Von einer kausalrechtlichen Betrachtungsweise ausgehend, die jede Bedingung für genügend erachtet, ohne die der Schaden nicht eingetreten wäre[33], ziehen Praxis und Lehre in Frankreich das Merkmal der Unmittelbarkeit zu dem Zwecke heran, diese Gleichwertigkeit der Bedingungen so einzuschränken, daß letztlich von einer Adäquanz der Bedingungen im deutschrechtlichen Sinne gesprochen werden kann[34].

Mittelbar ist daher ein Schaden nicht schon bei jeder sekundären und ferneren Folge, sondern erst dann, wenn er durch das Dazwischentreten eines Zweitereignisses nach den Gesetzen logischer Vorhersehbarkeit nicht mehr auf die ursprüngliche Kausalreihe zurückgeführt werden kann[35].

Mit der Einführung des Erfordernisses des unmittelbaren Schadens in Art. 34 Abs. 1 Satz 3 EGKSV haben die Vertragsparteien an das französische Modell anknüpfen wollen[36], mit der Folge, daß auch bei Art. 34 Abs. 1 Satz 3 EGKSV nur ein solcher Schaden beachtet werden darf, der durch ein unmittelbares, d. h. adäquat kausales Band mit dem die Haftung begründenden Fehler verbunden ist[37].

---

[31] Vgl. *Much*, Amtshaftung S. 45 ff., 49 ff. und 64; *ders.* Staatshaftung S. 738; *Jerusalem*, S. 63 f.; *Waline*, Nr. 1480 ff. und Nr. 1436; *Rivero*, Nr. 282 und Nr. 280; *Vedel*, S. 344 f. und 349.

[32] Ursprung dieses Begriffes ist Art. 1151 Code Civil: „dommage immédiat et direct“.

[33] Vgl. *Much*, Amtshaftung S. 47.

[34] Vgl. *Much*, Amtshaftung S. 47 f.; *Daig*, Actes officiels, Bd. IV, 53.

[35] Vgl. *Waline*, Nr. 1480; *Much*, Amtshaftung S. 48 und 64; *ders.* Staatshaftung S. 738; *Daig*, Actes officiels, Bd. IV, 53; *Constantinesco*, Actes officiels, Bd. IV, 352.

[36] Vgl. *Much*, Amtshaftung S. 44 ff. Inzwischen hat der Gerichtshof in der Behandlung der Kausalitätsfrage eine Auffassung entwickelt, die in ihren praktischen Ergebnissen eine weitgehende Übereinstimmung sowohl mit der deutschen Adäquanztheorie als auch mit der in Frankreich herrschenden Meinung aufweist. Vgl. *EuGH* Rspr. GH IX, 625 und insbesondere 638; *Much*, Staatshaftung S. 738 f.

[37] Vgl. *Goffin* RW 1963, 2150.

Dennoch liegt hierin gegenüber Art. 40 Abs. 1 EGKSV — wie es den Anschein haben könnte — keine Einschränkung, da der Europäische Gerichtshof[38] unterstützt von der Literatur[39] das Erfordernis der Unmittelbarkeit auch dort zur Voraussetzung erhoben und insoweit beide Vorschriften angeglichen hat.

2. *Der besondere Schaden*

Die Abweichung des Schadensbegriffs in Art. 34 Abs. 1 Satz 3 EGKSV gegenüber demjenigen des Art. 40 Abs. 1 EGKSV beschränkt sich damit auf das Erfordernis der Besonderheit des Schadens. Die hierbei als Vorbild dienende französische Rechtsordnung[40] versagt Schadensersatz in jenen Fällen, in denen der Schaden ein gewisses Mindestmaß nicht übersteigt. Insbesondere gilt dies dann, wenn alle Staatsbürger gleichermaßen getroffen sind, so daß von einer Verlustgemeinschaft gesprochen werden kann[41]; eine bloße „gêne commune" genügt also nicht[42].

Für Art. 34 Abs. 1 Satz 3 EGKSV bedeutet dies, daß eine Ersatzpflicht nur dann vorliegt, wenn und solange der Schaden auf ein Unternehmen oder eine Gruppe von Unternehmen beschränkt bleibt[43]. Sie greift dagegen nicht ein, wenn alle Unternehmen in ihrer Gesamtheit betroffen sind[44].

Die Frage, ob diese Auslegung auch auf Art. 40 Abs. 1 EGKSV zu übertragen sei, ist von der herrschenden Meinung im Gegensatz zu ihrer Einstellung beim Merkmal der Unmittelbarkeit unter Hinweis auf die Wesensverschiedenheit beider Begriffe zu Recht abgelehnt worden[45]. Anders als das Kausalitätserfordernis der Unmittelbarkeit stellt die Voraussetzung des besonderen Schadens eine echte Einschränkung des Schadensersatzbegriffs dar, die sich für Art. 34 Abs. 1 Satz 3 EGKSV als einer Norm, deren spezifisches Ziel die Einschränkung der Gemeinschaftshaftung ist, geradezu anbietet[46]. Bei Art. 40 Abs. 1 EGKSV hingegen würde

---

[38] Vgl. *EuGH* Rspr. GH VIII, 420; IX, 640; *Lagrange* Rspr. GH VII, 380.

[39] Vgl. *Daig*, Actes officiels, Bd. IV, 65; *Much*, Staatshaftung S. 738. Anderer Ansicht hingegen *de Vergottini* RTDP 1963, 102.

[40] *Rivero*, Nr. 280; *Waline*, Nr. 1436; *Vedel*, S. 349; *Schlochauer* AVR 3, 410; *Much*, Amtshaftung S. 49 ff. und 64.

[41] Vgl. *Much*, Amtshaftung S. 50.

[42] Vgl. *Schlochauer* AVR 3, 410; *Much*, Amtshaftung S. 50.

[43] Art. 34 Abs. 1 Satz 3 EGKSV spricht ausdrücklich von Unternehmen und Unternehmensgruppen was nach *Daig* das Erfordernis des besonderen Schadens unterstreicht, vgl. Actes officiels, Bd. IV, 54.

[44] Vgl. *Much*, Amtshaftung S. 64; *Daig*, Actes officiels, Bd. IV, 53 f.; *Goffin* RW 1963, 2150.

[45] Vgl. *Daig*, Actes officiels, Bd. IV, 65; *Lagrange* Rspr. GH VII, 380 ff.; *ders.* CMLR 1965/66, Bd. III, 30; *de Vergottini* RTDP 1963, 102; *Goffin* DrCommEur Nr. 443; *Fuß* EuR 1968, 367.

[46] Vgl. *Schlochauer* AVR 3, 409 f.; *ders.* Rechtsschutz S. 35; *Much*, Amtshaftung S. 53; *Knöpfle* NJW 1961, 2289.

sie der Aufgabe, nicht lediglich Sonderopfer auszugleichen, sondern Schadensersatz für jede rechtswidrige Verletzung von rechtlich geschützten Interessen zu gewähren, im Wege stehen[47].

Es kommt hinzu, daß außer Frankreich kein anderer Mitgliedstaat bei staatlicher Haftung das Merkmal des besonderen Schadens zur Bedingung erhoben hat und auch in Frankreich nur dann ein besonderer Schaden vorliegen muß, wenn die Haftung nicht auf ein Verschulden gestützt werden kann[48].

Es kann daher an dieser Stelle zusammengefaßt werden, daß Art. 34 Abs. 1 Satz 3 EGKSV durch das Erfordernis des besonderen Schadens auch bezüglich seines Schadensbegriffs engeren Voraussetzungen unterliegt als Art. 40 Abs. 1 EGKSV.

III. Der Entschädigungsbegriff

Bei Art und Umfang des Schadensersatzes scheinen die Vorschriften der Art. 34 Abs. 1 Satz 3 und 40 Abs. 1 EGKSV insofern besonders stark voneinander abzuweichen, als Art. 34 Abs. 1 Satz 3 EGKSV zwei verschiedene Begriffe des Schadensersatzes („angemessene Wiedergutmachung" und „billige Entschädigung") aufweist, wovon keiner mit der entsprechenden Formulierung in Art. 40 Abs. 1 EGKSV („Entschädigung in Geld") voll übereinstimmt.

Der Blick in die nationalen Rechtsordnungen ist hier erstmals wenig geeignet, Klarheit zu vermitteln, da die Vertragspartner keinen der nationalen Begriffe als unmittelbares Vorbild herangezogen haben. Hinzu kommt, daß die Fassungen in den Sprachen der Mitgliedstaaten nicht unwesentlich voneinander abweichen. Die Auslegung muß sich daher zum einen am französischen Originalwortlaut orientieren — Art. 100 EGKSV[49] — und zum anderen an den spezifischen Belangen des Montanrechts.

Ein erster Aufschluß scheint mit der Feststellung gewonnen zu sein, daß die beiden Schadensersatzbegriffe in Art. 34 Abs. 1 Satz 3 EGKSV — „réparation équitable" einerseits und „juste indemnité" andererseits — eine unmittelbare Entschädigung durch die Hohe Behörde (Kommission) vorsehen, während bei Art. 40 Abs. 1 EGKSV — „réparation pécuniaire" — der Schadensersatz durch den Europäischen Gerichtshof angeordnet werden muß. Ein qualitativer Unterschied liegt darin jedoch nicht notwendigerweise.

---

[47] Vgl. die Darlegung von *Fuß* über die Rechtssprechung des Gerichtshofs zu Art. 40 EGKSV, EuR 1968, 359 und 367.

[48] Vgl. *Vedel*, S. 349; *Waline*, Nr. 1436; *Roemer* Rspr. GH VII, 516; *Lagrange* Rspr. GH VII, 381; *Much*, Staatshaftung S. 740, insbesondere Fußnote 39; *Goffin* JT 1962, 692; *ders.* DrCommEur Nr. 443.

[49] Vgl. die Texte der französischen Fassung am Ende der Arbeit.

Relevant ist hingegen, daß sowohl die Wiedergutmachung nach Art. 34 Abs. 1 Satz 3, 1. Alternative EGKSV als auch die Entschädigung nach Art. 34 Abs. 1 Satz 3, 2. Alternative EGKSV Merkmale einschränkender Natur aufweisen, die bei Art. 40 Abs. 1 EGKSV nicht vorkommen. So soll es bei der 1. Alternative in Art. 34 Abs. 1 Satz 3 EGKSV genügen, wenn die Wiedergutmachung eine angemessene ist, womit zum Ausdruck kommt, daß Wiedergutmachung im Sinne von Art. 34 Abs. 1 Satz 3, 1. Alternative EGKSV nicht außer Verhältnis zur Bedeutung des entstandenen Schadens stehen darf[50]. Bei Art. 40 Abs. 1 EGKSV hingegen findet eine solche Relation keine Beachtung.

Die 2. Alternative in Art. 34 Abs. 1 Satz 3 EGKSV gleicht, obwohl mit den Worten „soweit erforderlich" als Ergänzung, und zwar als finanzielle Ergänzung[51] zur ersten gedacht[52], diese Differenz nicht voll aus, da sie nur insoweit geschuldet ist, als sie das Ausmaß einer „juste indemnité" erreicht, d. h. den Anforderungen an die Billigkeit entsprechen wird.

Die Abgrenzungen erweisen sich im einzelnen als schwierig, doch ist als Grundsatz zu erkennen, daß keine der in Art. 34 Abs. 1 Satz 3 EGKSV vorgesehenen Schadensersatzregelungen so konzipiert ist, daß sie an die umfassende Regelung in Art. 40 Abs. 1 EGKSV heranreichen könnte. Auch auf dem Gebiet des Schadensersatzumfangs ist damit Art. 34 Abs. 1 Satz 2 EGKSV gegenüber Art. 40 Abs. 1 EGKSV eingeschränkt[53].

IV. Die Voraussetzungen des Art. 33 EGKSV

Die bisherige Gegenüberstellung hatte nur solche haftungsbeschränkende Tatbestandsmerkmale zum Gegenstand, die sich aus den beiden Haftungsvorschriften selbst ergeben. Auf Grund der Verknüpfung von Art. 34 Abs. 1 Satz 3 EGKSV mit Art. 33 EGKSV unterliegt jedoch die Schadensersatzgewährung nach Art. 34 Abs. 1 Satz 3 EGKSV nicht nur dessen eigenen Voraussetzungen, sondern mittelbar auch den Bedingungen für eine erfolgreiche Nichtigkeitsklage im Sinne von Art. 33 Abs. 2 EGKSV[54]: der Klagefrist nach Art. 33 Abs. 3 EGKSV, der Klage-

---

[50] Vgl. *Daig*, Actes officiels, Bd. IV, 60; *Hammes*, S. 53.

[51] Argumentum e contrario aus den Worten „geeignete Maßnahmen" in der ersten Alternative des Art. 34 Abs. 1 Satz 3 EGKSV; vgl. *Jerusalem*, S. 64 f.

[52] Vgl. *Daig*, Actes officiels, Bd. IV, 60 f. Die Subsidiarität des zweiten Teils in Art. 34 Abs. 1 Satz 3 EGKSV ist allgemein anerkannt worden, vgl. *Ophüls* NJW 1951, 693; *Much*, Amtshaftung S. 66; *Jerusalem*, S. 65; *Daig*, Actes officiels, Bd. IV, 60; *Constantinesco*, Actes officiels, Bd. IV, 353.

[53] Vgl. *Schlochauer* AVR 3, 411; *Much*, Amtshaftung S. 54; *ders.* Staatshaftung S. 750; *Wolany*, Actes officiels, Bd. IV, 347; *Constantinesco*, Actes officiels, Bd. IV, 353; *Hammes*, S. 53; *Knöpfle* NJW 1961, 2288.

[54] Vgl. *Jerusalem*, S. 64.

befugnis nach Art. 33 Abs. 2 EGKSV und der richterlichen Prüfungsbefugnis nach Art. 33 Abs. 1 EGKSV.

1. *Die Klagefrist*

Wird die Nichtigkeitsklage des Art. 33 Abs. 2 EGKSV nicht innerhalb eines Monats nach Zustellung bzw. Veröffentlichung der Entscheidung oder Empfehlung erhoben, so ist sie gemäß Art. 33 Abs. 3 EGKSV unzulässig. Da die Schadensersatzgewährung nach Art. 34 Abs. 1 Satz 3 EGKSV die vorherige Aufhebung der schadenauslösenden Entscheidung oder Empfehlung voraussetzt, wirkt sich die Einmonatsfrist auch hierauf aus[55], mit der Folge, daß ein Geschädigter, der es versäumt oder unterläßt, den schadenstiftenden Akt im Wege der Nichtigkeitsklage rechtzeitig anzugreifen, auch keinen Schadensersatz verlangen kann. Hingegen ist der Kläger bei Art. 40 Abs. 1 EGKSV an keine Klagefrist gebunden; er muß lediglich beachten, daß sein Anspruch nicht verjährt[56], da nach Art. 40 Satz 1 Satzung EuGH EGKSV der Schadensersatzanspruch des Art. 40 Abs. 1 EGKSV einer fünfjährigen Verjährung unterliegt[57].

2. *Die Klagebefugnis*

Ebensowenig wie Art. 40 Abs. 1 EGKSV das Erfordernis einer Klagefrist aufweist, beschränkt er den zur Klageerhebung berechtigten Personenkreis; er enthält keine Prozeßvoraussetzung der Klagebefugnis. Die Klage ist daher für jedermann zulässig, unabhängig davon, ob es sich um Produzenten von Kohle und Stahl oder um andere Personen handelt[58]. Im Gegensatz dazu wird die Zulässigkeit der Nichtigkeitsklage nach Art. 33 Abs. 2 EGKSV und damit indirekt auch der Schadensersatz nach Art. 34 Abs. 1 Satz 3 EGKSV vom Vorliegen einer Klagebefugnis abhängig gemacht. Art. 33 Abs. 2 EGKSV versteht darunter zweierlei: Zum einen wird das Recht, Nichtigkeitsklage zu erheben, auf bestimmte Unternehmen[59] oder Unternehmensverbände beschränkt (Einschrän-

---

[55] Ohnehin muß die Frist von einem Monat als zu kurz angesehen werden, vgl. *Funck* KSE 1, 64; *Lagrange* KSE 1 608; *Riese* EuR 1966, 41; *von Simson* DVBl. 1966, 657; *Fuß,* Rechtsstaatsgedanke S. 124.

[56] Daß Art. 40 Satz 1 Satzung EuGH EGKS von der Verjährung der „Klage" und nicht des „Anspruchs" spricht, dürfte nichts daran ändern, daß es sich hierbei um eine materiellrechtliche Regelung handelt. Anderer Ansicht jedoch *Günther* unter Hinweis auf das französische Recht, vgl. KSE 12, 31.

[57] Über weitere nachteilige Folgen der kurzen Anfechtungsfrist vgl. *Neri,* Protection S. 22; *Riese* EuR 1966, 37 f.

[58] Vgl. *EuGH* Rspr. GH VII, 464 f.; *Roemer* Rspr. GH VII, 490; *Much,* Amtshaftung S. 93; *Steindorff* JZ 1953, 719; *Hammes,* S. 53; *Migliazza,* S. 138; de *Vergottini* RTDP 1963; 101; *Peters* EurMon I, 132; *Cartou* KSE 1, 328; *Riese* EuR 1966, 37; *Ule,* Juristentag 1966, Bd. I, 33; *Fuß, Rechtsstaatsgedanke* S. 123.

[59] Zum Begriff des Unternehmens im Sinne des Montanvertrages vgl *EuGH* Rspr. GH VII, 164 f.; *Suetens* DrCommEur Nr. 1347 ff.; *Ulmer,* S. 19 ff., insbesondere 76; *Bebr,* Judicial Control S. 59; *Neri,* Protection S. 11 f.; *Tizzano,* S. 172.

kung ratione personae) und zum anderen muß dieser Personenkreis in einer bestimmten Weise von den aufzuhebenden Maßnahmen betroffen sein (Einschränkung ratione materiae).

a) Die Einschränkungen der Klagebefugnis ratione personae

Wer die nach Art. 33 Abs. 2 EGKSV klagebefugten Unternehmen sind, ergibt sich auf Grund des dem Montanvertrag einheitlichen Unternehmensbegriffs[60] aus der Legaldefinition des Art. 80, erster Halbsatz EGKSV. Danach kommt es entscheidend auf die Eigenschaft als Produzent von Kohle und Stahl[61] an, während Nationalität, Standort oder Verwaltungssitz keine Rolle spielen. Entsprechend sind unter Verbänden[62] im Sinne von Art. 33 Abs. 2 EGKSV nur solche zu verstehen, die Unternehmen im Sinne dieser Definition zu Mitgliedern haben[63]. Daraus folgt, daß Produzenten oder Verbände von Produzenten anderer Produkte, z. B. Ölgesellschaften oder Konkurrenzunternehmen sowie Händler und Abnehmer, kurz alle Montanfremden von der Klagemöglichkeit nach Art. 33 Abs. 2 EGKSV und damit von einer Schadensersatzgewährung nach Art. 34 Abs. 1 Satz 3 EGKSV ausgeschlossen sind.

Von dieser Regel macht der Vertrag nur in wenigen Fällen Ausnahmen, indem er die Klagebefugnis dort auf Montanfremde ausdehnt, wo die Hoheitsgewalt der Hohen Behörde (Kommission) ausnahmsweise auch diese ergreift[64], so bei der sogenannten Käuferklage des Art. 63 § 2 Abs. 2 EGKSV[65] sowie in Art. 65 EGKSV in Verbindung mit Art. 80, 2. Halbsatz EGKSV und in Art. 66 § 5 Abs. 2 EGKSV (Klagen gegen Anordnungen zu Kartellen und Zusammenschlüssen)[66]. Doch erfaßt er damit nur die wichtigsten Fälle. In vielen anderen sind Montanfremde auf Grund der vielfältigen Wirtschaftsbeziehungen zwischen der Montanindustrie und anderen Wirtschaftsbereichen ebenfalls der Hoheitsgewalt der Hohen Behörde (Kommission), wenn auch meist nur mittelbar unterworfen, ohne daß sie dabei Klage nach Art. 33 Abs. 2 EGKSV erheben

---

[60] *Ulmer* S. 88.

[61] Vgl. *Much*, Amtshaftung S. 93; *Schüle* ZaöRVR 16, 236; *Mylord* WuW 1957, 488; *Knöpfle* NJW 1959, 553; *Catalano*, Manuale S. 255; *Funck* KSE 1, 62; *Ule*, Juristentag 1966, Bd. I, 14; *Riese* EuR 1966, 37; *Suetens* DrCommEur Nr. 1343 ff., insbesondere Nr. 1358.

[62] Vgl. *Bebr*, Judicial Control S. 77 ff.; *Tizzano*, S. 173.

[63] *EuGH* Rspr. GH II, 184; X, 347; vgl. auch *EuGH* Rspr. GH VIII, 977 ff. und 1019 ff.; *Schüle* ZaöRVR 16, 237; *Knöpfle* NJW 1959, 553.

[64] Vgl. *Steindorff* JZ 1953, 719; Schüle ZaöRVR 16, 238; *Bayer*, S. 359; *Grassetti*, Actes officiels, Bd. IV, 81; *Ulmer*, S. 88; *Peters* EurMon I, 104; *Bandilla*, S. 43. Vgl. ferner *Bebr*, Judicial Control S. 61.

[65] Praktisch erfaßt diese Klage nur die Großhändler.

[66] Daß diese Ausdehnung der Klagebefugnis selbstverständlich auch Auswirkungen auf Art. 34 EGKSV hat, unterstreichen *Much*, Amtshaftung S. 93 und *Jerusalem*, S. 65.

können. Diese für Montanfremde ungünstige Situation hat vielfach zu Kritik[67] und folglich zu dem Versuch geführt, die Klagebefugnis des Art. 33 Abs. 2 EGKSV in Analogie zu den genannten Ausnahmevorschriften in allen jenen Fällen auszudehnen, in welchen die rechtlichen Auswirkungen der von der Hohen Behörde (Kommission) getroffenen Maßnahmen über den im Vertrag vorgesehenen Bereich hinausgehen[68].

Die vorgeschlagene Analogiebildung stößt jedoch abgesehen davon, daß es sich um eine Analogie zu Ausnahmebestimmungen handeln würde, aus verschiedenen Gründen auf Bedenken. Da sie zum klaren Wortlaut des Vertrages im Widerspruch steht, fehlt es schon an der ersten Voraussetzung einer jeden Analogiebildung, am Vorliegen einer Lücke[69]. Nach der Entstehungsgeschichte des Montanvertrages haben die Vertragspartner die Fassung des Art. 33 Abs. 2 EGKSV bewußt gewählt, um die Klagebefugnis einzuschränken und damit die Möglichkeit von Popularklagen auszuschließen[70].

Abgesehen davon wäre auch bei Vorliegen einer Lücke größte Vorsicht geboten. Zwar wird der Montanvertrag nicht dem Völkerrecht zugerechnet[71], bei dessen Verträgen Analogien nur unter eingeschränkten Voraussetzungen möglich sind[72]; da er jedoch ebenso wie Völkerrechtsverträge auf gemeinsamer Willensbildung verschiedener autonomer Staaten beruht, könte ein nachträgliches Abweichen von der jetzigen Vertragsfassung nur unter strengsten Einschränkungen befürwortet werden[73]. Angesichts der bewußten Formulierung von Art. 33 Abs. 2 EGKSV bliebe dazu im vorliegenden Falle jedoch kein Raum[74].

---

[67] Vgl. *Steindorff* JZ 1953, 718 ff.; *ders.* Nichtigkeitsklage S. 50; *Thieme* VVdStRL 18, 65; *Riese* EuR 1966, 53; *von Simson* DVBl. 1966, 655; *Fuß*, Rechtsstaatsgedanke S. 123. Die meisten dieser Autoren streben jedoch nur de lege ferenda eine Änderung an, vgl. insbesondere *Mylord* WuW 1957, 488 ff.

[68] Vgl. *Steindorff*, Nichtigkeitsklage S. 52 f.; *ders.* JZ 1953, 720 f.

[69] Vgl. *Schüle* ZaöRVR 16, 241.

[70] Der Vorschlag der deutschen Delegation, die Klagebefugnis weiter zu fassen, wurde bei den Verhandlungen abgelehnt, vgl. *Rapport Délégation Française* S. 34 f.; *Steindorff*, Nichtigkeitsklage S. 29; *Ballerstedt*, S. 61, Fußnote 84; *Schüle* ZaöRVR 16, 237 und 241; *Catalano*, Manuale S. 255; *Funck* KSE 1, 62 f.; *Bandilla*, S. 43 f.

[71] Über die Rechtsnatur des Rechts der Montanunion vgl. *Schüle* ZaöRVR 16, 241; *Much*, Amtshaftung S. 20 f.; *Jerusalem*, S. 14; *Lagrange* ZfgHRWR 124, 94 ff., insbesondere S. 100.

[72] Vgl. *Schüle* ZaöRVR 16, 242; *Verdroß*, S. 175; *Dahm*, S. 46 f. Vgl. auch *Berber*, S. 442 ff. *Bernhardt*, Auslegung S. 181 f.

[73] So auch *Schüle* ZaöRVR 16, 242.

[74] Ablehnend mit zusätzlichen Argumenten: *Schüle* ZaöRVR 16, 238 ff.; *Jerusalem*, S. 49, Fußnote 15; *Jaenicke* ZaöRVR 15, 312; *Ulmer*, S. 88; *Thieme* VVdStRL 18, 65 f.; *Bandilla*, S. 24; *Ballerstedt*, S. 61, Fußnote 84; *Matthies* JZ 1954, 307; *Grassetti*, Actes officiels, Bd. IV, 81.

Die Einschränkung der Klagebefugnis ratione personae mit ihrer Auswirkung auf den Rechtsschutz nach Art. 34 Abs. 1 Satz 3 EGKSV und ihrem Gegensatz zur Vorschrift des Art. 40 Abs. 1 EGKSV ist folglich nicht zu umgehen.

b) Die Einschränkungen der Klagebefugnis ratione materiae

Bei der zweiten Einschränkung der Klagebefugnis des Art. 33 Abs. 2 EGKSV, der Einschränkung ratione materiae, d. h. nach Art und Umfang der Rechtsgutbeeinträchtigung des Klägers ist zwischen individueller Entscheidung und Empfehlung einerseits und allgemeiner Entscheidung und Empfehlung andererseits zu unterscheiden. Während es bei den individuellen Akten für die Zulässigkeit genügt, daß der Kläger „betroffen" ist[75], müssen die allgemeinen Akte „einen Ermessensmißbrauch ihm (dem Kläger) gegenüber" darstellen. Ein Ermessensmißbrauch anderen gegenüber oder eine anders geartete Vertragsverletzung[76] wird dagegen der Zulässigkeit der Klage entgegenstehen. Auch die Schadensersatzgewährung nach Art. 34 Abs. 1 Satz 3 EGKSV ist daher nur in diesem genannten Rahmen denkbar.

aa) Die Einschränkung bei individuellen Akten

Art. 33 Abs. 2 EGKSV gibt keine Auskunft darüber, in welchem Rechtsgut der Kläger durch die individuelle Maßnahme betroffen sein muß. Dennoch besteht weitgehend Einigkeit darüber, daß nicht nur die Beeinträchtigung subjektiver Rechte die Zulässigkeit der Klage herbeiführt[77], sondern auch die Beeinträchtigung bloßer Interessen[78], wobei es sich aber um nicht unerhebliche Interessen[79] wirtschaftlicher und sozialer Art[80] handeln muß. Liegen diese Voraussetzungen vor, so genügt es, wenn der Kläger in irgendeiner Form beschwert ist[81].

---

[75] Die deutsche Fassung „individuell betroffen" könnte den Eindruck erwecken, der Kläger müsse durch den jeweiligen Akt in individueller Weise, d. h. ähnlich wie bei Art. 173 Abs. 2 EWGV betroffen sein. Doch zeigt ein Blick auf den französischen Originaltext, daß das Wort „individuell" nicht adverbial, sondern adjektivisch mit Bezug auf die Worte Entscheidung und Empfehlung gebraucht ist. Es bezeichnet also den Akt, vgl. *EuGH* Rspr. GH II, 57; *Lagrange* Rspr. GH VII, 74; *Peters* EurMon I, 114; *Fuß* JuS 1967, 555.

[76] Vgl. *EuGH* Rspr. GH II, 226 und 366; IV, 298; X, 493; *Much*, Amtshaftung S. 61; *de Nova*, Actes officiels, Bd. IV, 119 ff.; *Zweigert* KSE 1, 593; *Tizzano*, S. 391 bis 393 und 395.

[77] Vgl. *Ophüls* NJW 1951, 695; *Schlochauer* AVR 3, 401; *ders.* Rechtsschutz S. 32; *Ule* DVBl. 1952, 68; *ders.* Betrieb 1952, 245; *Steindorff*, Nichtigkeitsklage S. 29; *Münch*, Festschrift Laun (70) S. 129; *Jerusalem*, S. 64.

[78] Vgl. *Breitner*, S. 5; *Ophüls* NJW 1951, 695; *Ule* DVBl. 1952, 68; *ders.* Juristentag 1966, Bd. I, 13; *Mosler* ZaöRVR 14, 42; *Tizzano*, S. 387; *Lagrange* Rspr. GH VII, 74.

[79] Vgl. *Schlochauer* AVR 3, 401; *ders.* Rechtsschutz S. 32; *Steindorff*, Nichtigkeitsklage S. 41 f.; *Grassetti*, Actes Officiels, Bd. IV, 84.

Mit dieser weiten Auslegung[82] aber ergibt sich gegenüber Art. 40 Abs. 1 EGKSV keine Abweichung mehr. Auch Art. 40 Abs. 1 EGKSV setzt, wenn auch als Begründetheitsvoraussetzung, die Beeinträchtigung oder gar Verletzung eines subjektiven Rechts oder wirtschaftlicher Interessen voraus[83], so daß er insoweit enger gefaßt scheint als Art. 34 Abs. 1 Satz 3 EGKSV. Erstmals erweist sich damit Art. 40 Abs. 1 EGKSV als die strengeren Voraussetzungen unterliegende Vorschrift.

Auch wenn bei der Klagefrist des Art. 33 Abs. 2 EGKSV weiterhin verlangt wird, die individuelle Maßnahme müsse den Kläger unmittelbar betreffen[84], so liegt darin gegenüber Art. 40 Abs. 1 EGKSV keine engere Ausgestaltung, da der Schaden bei Art. 40 Abs. 1 EGKSV — wie oben gezeigt wurde[85] — ebenfalls ein unmittelbarer zu sein hat.

Im Gegensatz zur Beschränkung der Klagebefugnis ratione personae führt daher die Beschränkung der Klagebefugnis ratione materiae — bei individuellen Akten der Hohen Behörde (Kommission) — zu keinen größeren Einschränkungen der Schadensvoraussetzungen nach Art. 34 Abs. 1 Satz 3 EGKSV als bei Art. 40 Abs. 1 EGKSV.

bb) Die Einschränkung bei allgemeinen Akten

Anders verhält es sich dagegen bei den durch allgemeine Entscheidungen und Empfehlungen verursachten Schäden. Auch wenn die herrschende Meinung nicht der äußerst restriktiven Ansicht folgt, Ermessensmißbrauch im Sinne von Art. 33 Abs. 2 EGKSV liege überhaupt nur dann vor, wenn statt einer allgemeinen Maßnahme richtigerweise eine Einzelmaßnahme hätte ergehen müssen[86], so hat sich der Europäische Gerichtshof seinerseits nur langsam von dem eng definierten französischen Vorbild, dem Begriff des „détournement de pouvoir“[87], gelöst[88]. Abgesehen davon wirkt sich besonders einschränkend aus, daß der Er-

---

80 Vgl. *Schlochauer* AVR 3, 401; *ders.* Rechtsschutz S. 32; *Steindorff*, Nichtigkeitsklage S. 30; *Bandilla*, S. 24.

81 Vgl. *Ophüls* NJW 1951, 695; *Mosler* ZaöRVR 14, 42.

82 *Peters* rechtfertigt die weite Auslegung des Begriffs „betroffen" mit Art. 31 EGKSV, vgl. EurMon I, 113. Vgl. auch *Much*, Amtshaftung S. 89; *Riese* EuR 1966, 41; *Bebr* DrCommEuR Nr. 876; *Cartou* KSE 1, 330.

83 Vgl. *Schlochauer* AVR 3, 408; *Jerusalem*, S. 63; *EuGH* Rspr. GH VII, 407 f. und 433. Nach *Much* muß ein subjektives Recht verletzt sein, vgl. Amtshaftung S. 89.

84 Vgl. *EuGH* Rspr. GH V, 47 und 62; *Lagrange* Rspr. GH VII, 74; *Bandilla*, S. 24; *Bebr*, Judicial Control S. 74; *ders.* DrCommEur Nr. 876.

85 Vgl. unter Teil I, § 2 B, II 1.

86 Vgl. *Reuter*, S. 90; *Catalano*, Manuale S. 247. Vgl. auch *Neri*, Protection S. 30. Ablehnend *Migliazza*, S. 116 ff.; *Tizzano*, S. 389.

87 Vgl. *Steindorff* JZ 1953, 721; *Riese* EuR 1966, 39.

88 Vgl. *EuGH* Rspr. GH II, 317; IV, 306; XI, 615 f.; *Riese* EuR 1966, 39.

messensmißbrauch gerade dem Kläger gegenüber vorliegen, d. h. ihn unmittelbar und individuell betreffen muß[89]. Der formal allgemeine Akt muß also inhaltlich ein individueller sein[90].

Demgegenüber ist Art. 40 Abs. 1 EGKSV trotz seiner oben dargelegten materiellrechtlichen Beschränkungen insofern erheblich weitergefaßt, als er zum einen die Rechtsgutverletzung nicht auf das Merkmal des Ermessensmißbrauchs beschränkt und zum anderen kein individuelles Betroffensein verlangt. Zieht man in Betracht, daß Art. 33 Abs. 2 EGKSV gerade durch diese beiden Merkmale seine größte Einschränkung erfährt, mit der Folge, daß seine Anwendung auf nur wenige Fälle reduziert wird, so zeigt sich, daß ein auf einem allgemeinen Akt beruhender Schaden nur sehr selten nach Art. 34 Abs. 1 Satz 3 EGKSV ersetzt werden wird.

Insgesamt führt damit die Beschränkung der Klagebefugnis in Art. 33 EGKSV sowohl ratione personae als auch ratione materiae — hier beschränkt auf die Fälle rechtswidriger allgemeiner Akte — zu Haftungsbeschränkungen nach Art. 34 Abs. 1 Satz 3 EGKSV, die sich bei Art. 40 Abs. 1 EGKSV nicht ergeben können.

3. Die Beschränkung der richterlichen Prüfungsbefugnis des Art. 33 Abs. 1 EGKSV

Ein letzter Unterschied zwischen beiden Schadensersatznormen liegt in der Bindung des Richters der Nichtigkeitsklage an die vier Nichtigkeitsgründe des Art. 33 Abs. 1 EGKSV. Diese gelten auf Grund der Verweisung des Art. 33 Abs. 2 EGKSV auch für die Klagen des Einzelnen, so daß auch der Schadensersatz nach Art. 34 Abs. 1 Satz 3 EGKSV niemals auf Grund anderer Mängel eines Aktes gewährt werden kann, als der in Art. 33 Abs. 1 EGKSV aufgezählten.

Insbesondere darf sich die Nachprüfung durch den Europäischen Gerichtshof nicht auf die Würdigung der sich aus den wirtschaftlichen Tatsachen oder Umständen ergebenden Gesamtlage erstrecken, die zu der angefochtenen Maßnahme geführt haben, es sei denn, daß der Hohen Behörde (Kommission) Ermessensmißbrauch oder eine offensichtliche Rechtsverletzung vorzuwerfen ist.

Bei Art. 40 Abs. 1 EGKSV handelt es sich dagegen trotz Fehlens eines ausdrücklichen Hinweises[91] um einen Prozeß mit unbeschränkter Er-

---

[89] Vgl. *EuGH* Rspr. GH X, 493; *de Nova*, Actes officiell, Bd. IV, 119; *Neri*, Protection S. 30.

[90] Vgl. *Neri*, Protection S. 29; *Tizzano*, S. 389.

[91] Vgl. *Much*, Amtshaftung S. 87 ff.; *ders.* Staatshaftung S. 741 f.; *Roemer* Rspr. GH II, 470 f.; *Knöpfle* NJW 1959, 555.

messensnachprüfung[92], das heißt der Richter kann alle Tat- und Rechtsfragen uneingeschränkt nachprüfen[93].

Klagefrist, Klagebefugnis und richterliche Prüfungsbefugnis des Art. 33 EGKSV sind also dazu angetan, die durch ihre eigenen Tatbestandsmerkmale ohnehin stark beschränkte Vorschrift des Art. 34 Abs. 1 Satz 3 EGKSV zusätzlich einzuengen. Der Unterschied zu Art. 40 Abs. 1 EGKSV erfährt dadurch verstärktes Gewicht.

V. Die Voraussetzungen des Art. 35 EGKSV

Die vorausgegangene Gegenüberstellung hatte nur den sich im Anschluß an Art. 33 Abs. 2 EGKSV ergebenden Schadensersatz im Auge. Art. 34 Abs. 1 Satz 3 EGKSV kommt jedoch in gleicher Weise auf die Fälle der Untätigkeitsklage nach Art. 35 EGKSV zur Anwendung, indem er trotz seiner redaktionellen Stellung vor Art. 35 EGKSV[94] zu diesem den gleichen rechtslogischen Anhang bildet wie zu Art. 33 EGKSV[95].

Eine Schadensersatzgewährung nach Art. 34 Abs. 1 Satz 3 EGKSV kann danach auch dann erfolgen, wenn die Hohe Behörde (Kommission) den Erlaß eines Aktes zu Unrecht unterläßt, wobei hier mutatis mutandis dieselben Voraussetzungen eine Rolle spielen wie bei Art. 34 Abs. 1 Satz 3 EGKSV in Verbindung mit Art. 33 EGKSV, da die Untätigkeitsklage einen Unterfall der Nichtigkeitsklage nach Art. 33 EGKSV bildet[96].

So kann auch die Unterlassungsklage nur von Unternehmen im Sinne von Art. 80, 1. Halbsatz EGKSV bzw. von Verbänden solcher Unternehmen erhoben werden[97]. Diese müssen, soweit sie die Untätigkeit in bezug

---

[92] Der Begriff entstammt dem französischen Recht („contentieux de pleine juridiction"), wobei die Übersetzung nicht sehr deutlich wiederzugeben vermag, was gemeint ist. Alle Versuche einer besseren Übersetzung müssen jedoch daran scheitern, daß sich in diesem Begriff mehrere Aspekte verbergen. Vgl. *Much*, Amtshaftung S. 89; *ders.* Staatshaftung S. 741, Fußnote 41; *Münch*, Festschrift Laun (70) S. 134; *Daig* AöR 83, 184.

[93] Vgl. *Roemer* Rspr. GH II, 471; *Much*, Amtshaftung S. 89; *ders.* Staatshaftung S. 742; *Knöpfle* NJW 1959, 555.

[94] Dazu erklärend: *Roemer* Rspr. GH II, 114; *Telchini* KSE 1, 377; *Knöpfle* NJW 1961, 2289.

[95] Vgl. *Schlochauer* AVR 3, 407; *Much*, Amtshaftung S. 60; *Jerusalem*, S. 57; *Knöpfle* NJW 1961, 2289; *Ule*, Juristentag 1966, Bd. I, 28.

[96] So die ganz überwiegende Meinung: *EuGH* Rspr. GH II, 85; IX, 199; *Roemer* Rspr. GH II, 117; IX, 307; *ders.* SEW 1966, 4; *ders.* Rechtsbescherming S. 34; *Lagrange* Rspr. GH VII, 72 f.; *Jerusalem*, S. 57; *Daig* AöR 83, 177; *Knöpfle* NJW 1959, 554; *ders.* NJW 1961, 2289; *Schermers*, S. 42; *Peters* EurMon I, 126; *Bandilla*, S. 26; *Schlochauer*, Festschrift Ophüls S. 185; *Boulois* KSE 1, 361 ff.; *Schoeneberg* KSE 1, 373; *Telchini* KSE 1, 376; *Wolf* RMC 1966, 112; *Ule*, Juristentag 1966, Bd. I, 26; *Tizzano*, S. 447.

[97] Vgl. *EuGH* Rspr. GH II, 86 und 183; *Bonaert* u. a., S. 96; *Boulois* KSE 1, 362; *Telchini* KSE 1, 378; *Wolf* RMC 1966, 115; *Ule*, Juristentag 1966, Bd. I, 27.

auf einen individuellen Akt angreifen, in ihren Interessen betroffen sein[98] oder, soweit die Untätigkeit in bezug auf einen allgemeinen Akt in Rede steht, einen Ermessensmißbrauch ihnen gegenüber behaupten[99]. Die Auslegung der Begriffe läuft dabei zur Nichtigkeitsklage des Art. 33 EGKSV parallel[100].

Auch die Klagegründe und die Nachprüfungsbefugnis des Richters unterliegen engen Beschränkungen[101], und schließlich stimmen die Klagefristen bei Nichtigkeits- und Untätigkeitsklagen überein, nur daß die Klagefrist des Art. 35 Abs. 3 EGKSV insofern eine Besonderheit aufweist, als sie erst nach Ablauf der Zweimonatsfrist in Gang kommt, die dem Antrag des Klägers auf Erlaß eines bestimmten Aktes folgt[102].

Unterliegt aber Art. 35 EGKSV ähnlichen Beschränkungen wie Art. 33 EGKSV, so gestaltet sich das auf Untätigkeit der Hohen Behörde (Kommission) gestützte Schadensersatzbegehren nach Art. 34 Abs. 1 Satz 3 EGKSV gleichermaßen schwierig. Alles zuvor über Art. 34 Abs. 1 Satz 3 EGKSV und den Vergleich zur Regelung in Art. 40 Abs. 1 EGKSV Gesagte gilt daher hier entsprechend.

1. Das obligatorische Vorverfahren nach Art. 35 Abs. 1 und 2 EGKSV

Eine gegenüber Art. 33 EGKSV zusätzliche Einschränkung weist Art. 35 EGKSV insofern auf, als nach Absatz 1 und 2 eine Verpflichtung zur Einleitung eines Vorverfahrens besteht, in welchem die Hohe Behörde (Kommission) mit der „Angelegenheit befaßt" wird. Der Kläger hat einen ausdrücklichen und genauen Antrag an die zuständige Stelle einzureichen[103], wobei die Frage aufzuwerfen ist, ob dies sogar innerhalb eines angemessenen Zeitraums nach dem Ereignis erfolgen müsse, das Anlaß zur Kritik gegeben hat[104].

Sollte die Rechtsprechung des Europäischen Gerichtshofs diese aus dem Gesichtspunkt des Rechtsschutzinteresses u. U. gerechtfertigte Frage

---

[98] Vgl. *EuGH* Rspr. GH II, 87; *Wolf* RMC 1966, 115; *Ule*, Juristentag 1966, Bd. I, 27; *Schermers*, S. 42; *Boulois* KSE 1, 367; *Roemer* SEW 1966, 7; *ders.* Rechtsbescherming S. 40.

[99] Vgl. *EuGH* Rspr. GH II, 87; *Roemer* Rspr. GH II, 116; *ders.* SEW 1966, 7; *ders.* Rechtsbescherming S. 40; *Boulois* KSE 1, 367; *Ule*, Juristentag 1966, Bd. I, 27; *Schermers*, S. 43.

[100] Vgl. z. B. *EuGH* Rspr. GH V, 9 ff.; vgl. desweiteren *Riese*, Festschrift Hallstein S. 416; *Fuß*, Rechtsstaatsgedanke S. 125.

[101] Vgl. *Ule*, Juristentag 1966, Bd. I, 27; *Wolf* RMC 1966, 116.

[102] Der Antrag an die Hohe Behörde (Kommission) setzt die Fristen in Gang, vgl. *EuGH* Rspr. GH II, 27 und 313; *Ule*, Juristentag 1966, Bd. I, 27.

[103] Vgl. *Bebr* DrCommEur Nr. 900.

[104] Vgl. *Roemer* Rspr. GH VII, 657 f.

bejahen, so wird darin eine weitere Einschränkung der Untätigkeitsklage und zugleich der Schadensersatzgewährung nach Art. 34 Abs. 1 Satz 3 EGKSV zu erblicken sein. Aber auch ohne diese Einengung ist das Erfordernis des Vorverfahrens in Art. 35 EGKSV dazu angetan, die ohnehin schwierige Schadensersatzgewährung nach Art. 34 Abs. 1 Satz 3 EGKSV im Vergleich zu Art. 40 Abs. 1 EGKSV beträchtlich zu erschweren.

2. Der Sonderfall des Fehlens des Rechtsschutzinteresses bei späterem Erlaß des Aktes

Als noch schwieriger erweist sich die Rechtsstellung des Klägers, wenn man der Ansicht folgt, dem Kläger fehle für den Sonderfall, daß die Hohe Behörde (Kommission) nach Ablauf der Zweimonatsfrist den beantragten Rechtsakt doch noch erläßt oder aber die Verpflichtung dazu entfällt, für die Untätigkeitsklage das Rechtsschutzbedürfnis[105]. Ein Sachurteil kann dann nicht mehr ergehen, so daß auch der Schadensersatz nach Art. 34 Abs. 1 Satz 3 EGKSV ausgeschlossen ist.

Ursache dieser Konsequenz ist jedoch eine zu isolierte Betrachtungsweise des Rechtsschutzinteresses in Art. 35 EGKSV. Erläßt die Hohe Behörde (Kommission) die beantragte Maßnahme nach Ablauf der Zweimonatsfrist oder entfällt die Verpflichtung, sie zu erlassen nachträglich, so ist das Rechtschutzinteresse für eine Verpflichtungsklage nur dann zu verneinen, wenn es dem Kläger allein darauf ankommt, die dem Schweigen der Hohen Behörde (Kommission) zu entnehmende ablehnende Entscheidung aufheben zu lassen. Es ist dagegen zu bejahen, wenn der Kläger gleichzeitig vorträgt, er wolle den durch die Unterlassung des rechtzeitigen Erlasses der Maßnahme verursachten Schaden ersetzt bekommen[106]. Ein solcher Vortrag läge beispielsweise in dem Antrag, die für Art. 34 Abs. 1 Satz 3 EGKSV notwendige Feststellung zu treffen, daß die Unterlassung einen die Haftung der Gemeinschaft begründenden Fehler beinhalte[107].

Wegen des Rechtsschutzbedürfnisses kann sich infolgedessen die Schadensersatzgewährung nach Art. 34 Abs. 1 Satz 3 EGKSV nicht erschweren[108].

---

105 So der *EuGH* Rspr. GH VIII, 941; weiterhin *Schermers*, S. 48; *Telchini* KSE 1, 380.

106 In diesem Falle wäre das Karenzverfahren entgegen Roemer durchaus sinnvoll, vgl. *Roemer* Rspr. GH VII, 488.

107 Ein solcher Antrag muß bei der Untätigkeitsklage in demselben Maße zulässig sein wie bei der Nichtigkeitsklage. Vgl. Fußnote 8 in Teil I.

108 Zugleich vermeidet man damit die nach dem Vertragswortlaut nicht zu rechtfertigende Lösung Knöpfles, wonach dem Kläger die Schadensersatzklage nach Art. 40 Abs. 1 EGKSV offenstehen, inhaltlich jedoch durch Art. 34 Abs. 1 Satz 3 EGKSV ausgefüllt, d. h. begrenzt sein soll, vgl. *Knöpfle* NJW 1961, 2290.

C. Lösung des Parallelproblems im Haftungsrecht des Montanvertrages

Die Darlegungen der vielfältigen Unterschiede zwischen Art. 34 Abs. 1 Satz 3 EGKSV und Art. 40 Abs. 1 EGKSV haben gezeigt, daß der durch einen rechtswidrigen Akt bzw. die rechtswidrige Unterlassung eines Aktes geschädigte Kläger eine große Zahl von Einschränkungen hinnehmen muß, sofern er seinen Schaden über die Vorschrift des Art. 34 Abs. 1 Satz 3 EGKSV geltend macht. Besonders hart wird ihn dabei die Verpflichtung ankommen, die Rechtswidrigkeit des Verhaltens der Hohen Behörde (Kommission) zuvor im Verfahren nach Art. 33 bzw. 35 EGKSV gerichtlich feststellen zu lassen, denn häufig wird die Vorabklage und damit auch der Schadensersatz an den engen Voraussetzungen der Art. 33 und 35 EGKSV — am Verstreichen der Klagefrist, am Fehlen der Klagebefugnis oder mangels richterlicher Prüfungsbefugnis — scheitern.

Der Geschädigte wird aus diesen Gründen geneigt sein, seinen vermeintlichen Schadensersatzanspruch nicht auf Art. 34 Abs. 1 Satz 3 EGKSV, sondern auf den weiter gefaßten und vor allem von der Durchführung des Vorabverfahrens nach Art. 33 oder 35 EGKSV unabhängigen Art. 40 Abs. 1 EGKSV zu stützen; zumindest wird er versuchen, den Anspruch zusätzlich aus Art. 40 Abs. 1 EGKSV herzuleiten.

Hieraus aber erwächst die Frage, ob Art. 40 Abs. 1 EGKSV bei Schäden, die durch rechtswidrige Akte oder rechtswidrige Unterlassungen von Akten verursacht werden, neben oder sogar anstelle von Art. 34 Abs. 1 Satz 3 EGKSV zur Anwendung kommen kann, oder ob er durch diese Spezialvorschrift ausgeschlossen wird.

I. Der Vorbehalt in Art. 40 Abs. 1 EGKSV

Die Schöpfer des Montanvertrages haben das Problem der Überschneidung beider Vorschriften gesehen und durch die Vorbehaltsklausel des Art. 40 Abs. 1 EGKSV zu lösen versucht. Dabei ist es jedoch nicht gelungen, eine völlige Klarstellung herbeizuführen. Einigkeit besteht insoweit, als ein Geschädigter, der seinen Schaden nach Art. 34 Abs. 1 EGKSV ersetzt erhält, von der Möglichkeit, Schadensersatz auch nach Art. 40 Abs. 1 EGKSV zu fordern, ausgeschlossen ist mit der Folge, daß eine Klage aus Art. 40 Abs. 1 EGKSV unzulässig wäre. Unstreitig ist der Ausschluß von Art. 40 Abs. 1 EGKSV auch in jenen Fällen, in welchen der Schadensersatz infolge des in Art. 34 Abs. 1 Satz 3 EGKSV beschränkten Entschädigungsbegriffs nur ein unvollständiger bleibt oder aber insgesamt verweigert wird, weil eine der Voraussetzungen von Art. 34 Abs. 1 Satz 3 EGKSV nicht erfüllt ist.

Für alle drei Fälle ist bezeichnend, daß bei erfolgter Aufhebung des schadenverursachenden Aktes durch den Kläger, sei es nach Art. 33, sei es nach Art. 35 EGKSV, ausschließlich Art. 34 Abs. 1 Satz 3 EGKSV zur Anwendung kommt und Art. 40 Abs. 1 EGKSV daneben oder statt dessen ausgeschlossen bleibt. Der Kläger soll versagten Schadensersatz nicht auf dem Umwege über Art. 40 Abs. 1 EGKSV doch noch herbeiführen bzw. unvollständigen Ersatz auf diesem Wege ergänzen können[109].

Uneinigkeit besteht aber für den weiteren — hier in bezug auf das EWG-Recht entscheidenden — Fall, in welchem die Schadensersatzgewährung nach Art. 34 Abs. 1 Satz 2 EGKSV nicht an einer der Voraussetzungen von Art. 34 Abs. 1 Satz 3 EGKSV selbst, sondern deshalb scheitert, weil der Geschädigte mit seiner Klage nach Art. 33 bzw. 35 EGKSV ohne Erfolg blieb bzw. eine derartige Klage gar nicht erhoben hat. Während ein Teil der Meinungen die Anwendung von Art. 40 Abs. 1 EGKSV auch in diesen Fällen für ausgeschlossen hält, will der andere Teil den Vorbehalt des Art. 40 Abs. 1 EGKSV hier nicht gelten lassen. Es handelt sich bei dieser Kontroverse um das montanrechtliche Parallelproblem der Auswirkungen einer negativen Nichtigkeits- bzw. Untätigkeitsklage auf die Zulässigkeit der Amtshaftungsklage. Von der Lösung dieser Streitfrage wird es daher abhängen, wie das gleiche Problem im Recht der EWG zu beurteilen ist.

II. Die formelle Auslegung des Vorbehalts in Art. 40 Abs. 1 EGKSV

Folgt man der strengen Ansicht, daß die Amtshaftungsklage nach Art. 40 Abs. 1 EGKSV auch dann unzulässig ist, wenn Art. 34 Abs. 1 Satz 3 EGKSV infolge einer negativen Nichtigkeits- bzw. Untätigkeitsklage unanwendbar bleibt, so impliziert dies, daß der Vorbehalt des Art. 40 Abs. 1 EGKSV die Vorschriften der Art. 33 und 35 EGKSV mit erfaßt, so daß schon das Fehlen der Klagebefugnis oder die Versäumung der Klagefrist im Nichtigkeits- oder Untätigkeitsverfahren den Ausschluß des Schadensersatzes im Sinne von Art. 40 Abs. 1 EGKSV zur Folge hat.

Formell läßt sich diese Ansicht damit begründen, daß Art. 40 Abs. 1 EGKSV auf die „Bestimmungen des Art. 34 Abs. 1 EGKSV" verweist, dieser aber in Satz 1 die „Nichtigerklärung" des schadenerzeugenden Aktes zur Voraussetzung erhebt. Die Nichtigerklärung stellt also mit ihren — in Art. 33 bzw. Art. 35 EGKSV genannten — Voraussetzungen ein Tatbestandsmerkmal des Art. 34 Abs. 1 EGKSV dar, wodurch die Voraussetzungen der Nichtigkeits- und der Untätigkeitsklage ihrerseits

---

109 Vgl. *Daig*, Actes officiels, Bd. IV, 51; *Roemer* Rspr. GH VII, 486; *Lagrange* Rspr. GH VII, 377; *Goffin* RW 1963, 2151; *ders.* DrCommEur Nr. 456; *Much*, Staatshaftung S. 750.

selbst zu Tatbestandsmerkmalen des Art. 34 Abs. 1 EGKSV erhoben werden, mit der Folge, daß auch sie vom Vorbehalt des Art. 40 Abs. 1 EGKSV erfaßt sind. Diese Sicht überzeugt besonders dann, wenn man die nahe Verwandtschaft von Art. 34 EGKSV zu den Artikeln 33 und 35 EGKSV anerkennt und sich ihre innere Beziehung von Voraussetzungs- und Folgenorm vor Augen führt[110].

Die dargelegte Auffassung bejaht mithin den Ausschluß von Art. 40 Abs. 1 EGKSV schon dort, wo auf Grund des schadenverursachenden Aktes eine Anwendung von Art. 33 bzw. 35 EGKSV in Verbindung mit Art. 34 Abs. 1 Satz 3 EGKSV abstrakt in Frage kommt. Ob die Aufhebung der Maßnahme tatsächlich herbeigeführt wird oder nicht, ob bei Aufhebung des Aktes eine Schadensersatzgewährung nach Art. 34 Abs. 1 Satz 3 EGKSV erfolgt oder versagt bleibt, spielt für den Ausschluß von Art. 40 Abs. 1 EGKSV dann keine Rolle mehr. Entscheidend für die Auslösung des Vorbehalts ist allein die Tatsache, daß der eingetretene Schaden durch eine Entscheidung oder Empfehlung im Sinne von Art. 14 EGKSV bzw. die Unterlassung einer solchen Maßnahme verursacht wurde. Die Formulierung von Art. 40 Abs. 1 EGKSV könnte danach auch folgendermaßen lauten: „Vorbehaltlich der durch eine Entscheidung oder Empfehlung bzw. die Unterlassung einer solchen Maßnahme verursachten Schadensfälle ist der Gerichtshof zuständig .. eine Entschädigung ... zuzuerkennen ...“

Ob jedoch dieser kompromißlosen Auslegung des Vorbehalts in Art. 40 Abs. 1 EGKSV vor einer weniger strengen der Vorzug einzuräumen ist, kann sich mangels Klarheit des jetzigen Wortlautes nur aus dem Sinn und Zweck der Dualität des montanrechtlichen Haftungssystems ergeben.

III. Die Ermittlung der ratio des Vorbehalts in Art. 40 Abs. 1 EGKSV

Art. 34 Abs. 1 Satz 3 EGKSV stellt mit seinen eng begrenzten Haftungsvoraussetzungen im Recht der Europäischen Gemeinschaften einen Sonderfall dar, der in bewußter Abweichung vom jeweils vergleichbaren Recht der Mitgliedstaaten geschaffen wurde[111]; gleiches gilt für den Vorbehalt des Art. 40 Abs. 1 EGKSV. Die Intension der Vertragspartner lag in einer spürbaren Entlastung der Montanunion in allen Fällen einer Haftung aus hoheitlichem Handeln der Hohen Behörde (Kommission). Diese sollte, soweit sie die ihr obliegenden hoheitlichen Aufgaben wahrnahm, so wenig wie möglich den Angriffen einzelner ausgesetzt sein, weder in Form von Nichtigkeits- und Untätigkeitsklagen noch in Form von Haftungsklagen.

[110] Vgl. dazu unter Teil I, § 2 B, V.

[111] Vgl. *Schlochauer* AVR 3, 409; *Much*, Amtshaftung S. 60; *Ehle*, Kommentar, Tz. 63 zu Art. 215 EWGV.

Andernfalls — so fürchteten die Vertragspartner — würde die Aktivität der Hohen Behörde (Kommission) zu sehr gehemmt werden mit der Folge, daß sie die für das gute Funktionieren des gemeinsamen Kohle- und Stahlmarktes notwendige Dynamik nicht voll entfalten könnte[112]. Da vorauszusehen war, daß sich Fehler, aus denen mitunter sehr hohe Schäden entstehen konnten, nicht vermeiden ließen[113], sollte die Haftungsbeschränkung auch auf die Gefahr hin erfolgen, daß dem einzelnen beträchtliche Schäden erwuchsen. Hinter diesem Gedanken stand zudem die Befürchtung, daß umfangreiche finanzielle Belastungen der Gemeinschaft die Verwirklichung ihrer Ziele zusätzlich gefährden könnten[114].

Bei der Konzipierung der Haftungsnorm des Art. 40 Abs. 1 EGKSV hingegen spielten andere Überlegungen eine Rolle. Da hier nicht für Schäden aus hoheitlichem, sondern aus tatsächlichem Handeln aufgekommen werden mußte[115], womit die Anzahl der möglichen Fälle auf ein unbedeutendes Maß reduziert war, konnte eine uneingeschränkte Haftung in Kauf genommen werden.

Diese Überlegung behielt ihren Sinn jedoch nur so lange, wie Art. 40 Abs. 1 EGKSV nicht zur Umgehung der Haftungsbeschränkung in Art. 34 Abs. 1 Satz 3 EGKSV in Verbindung mit den Artikeln 33 und 35 EGKSV herangezogen werden durfte[116].

Die ratio der dualistischen Haftungsregelung des Montanvertrages ist also geeignet, die oben gegebene formelle Auslegung des Vorbehaltes zu unterstützen, so daß als Grundsatz nunmehr festgehalten werden kann, daß sich die Schadensersatzklage nach Art. 40 Abs. 1 EGKSV in allen jenen Fällen als unzulässig erweist, in denen auf Grund der schadenauslösenden (unterbliebenen) hoheitlichen Maßnahme die Anwendung der Art. 33 und 35 EGKSV in Verbindung mit Art. 34 Abs. 1 Satz 3 EGKSV abstrakt in Frage kommt, d. h. die schadenstiftende Maßnahme eine Entscheidung oder Empfehlung im Sinne von Art. 14 EGKSV bzw. die Unterlassung eines solchen Aktes ist.

---

[112] *Schlochauer* AVR 3, 410; *ders.* Rechtsschutz S. 35; *Much,* Amtshaftung S. 53; *Knöpfle* NJW 1961, 2289; *ders.* KSE 1, 353; *Cartou* KSE 1, 340; *Bandilla,* S. 44.

[113] *Knöpfle* NJW 1961, 2289; *ders.* KSE 1, 353.

[114] Vgl. *Schlochauer* AVR 3, 410; *ders.* Rechtsschutz S. 35; *Much,* Amtshaftung S. 53. *Knöpfle* weist außerdem darauf hin, daß die dazu erforderlichen Beträge letzten Endes von den umlagepflichtigen Unternehmen, d. h. einer beschränkten Zahl von Unternehmen aufgebracht werden müßten, vgl. NJW 1961, 2289 und KSE 1, 353.

[115] Vgl. *Steindorff* JZ 1953, 721, Fußnote 21; *Knöpfle* NJW 1961, 2289; *ders.* KSE 1, 353. Vgl. auch *EuGH* Rspr. GH VII, 463; *Roemer* Rspr. GH VII, 489; *Catalano,* Manuale S. 257; *Goffin* DrCommEur Nr. 941.

[116] Der Gedanke der Umgehung wird speziell bei Montanfremden zum Ausdruck gebracht, vgl. *Much,* Amtshaftung S. 52 und 93; *Catalano,* Manuale S. 259.

Für das im EWG-Recht interessierende Parallelproblem kann daraus die Folgerung gezogen werden, daß negative Nichtigkeits- bzw. Untätigkeitsklagen im Montanrecht die auf einen rechtswidrigen Akt bzw. die rechtswidrige Unterlassung eines Aktes gestützte Amtshaftungsklage unzulässig machen[117].

IV. Die Frage, ob von der engen Auslegung des Vorbehalts in Art. 40 Abs. 1 EGKSV Ausnahmen zu machen sind

1. Der Fall der Fristversäumnis

Obwohl sich die Mehrheit der Autoren dem oben gefundenen Ergebnis angeschlossen hat, ist der Versuch unternehmmen worden, in bestimmten Fällen Ausnahmen zuzulassen. Nur insoweit sind sich alle Verfasser einig, als einem Kläger, der die Klagefrist des Art. 33 Abs. 3 EGKSV bzw. des Art. 35 Abs. 3 EGKSV schuldhaft versäumt, kein Ausgleich seines Schadens über Art. 40 Abs. 1 EGKSV zugebilligt werden soll. Art. 40 Abs. 1 EGKSV dürfe nicht zur Umgehung der Klagefristen der Nichtigkeits- bzw. Untätigkeitsklagen führen, da dem Geschädigten ein Vorgehen über Art. 34 Abs. 1 EGKSV an sich möglich sei und es nur an ihm liege, davon Gebrauch zu machen oder nicht. Für eine Anwendung von Art. 40 Abs. 1 EGKSV liege daher in diesem Falle kein Grund vor[118].

2. Die Fälle des unverschuldeten Scheiterns

Anders argumentieren sie dagegen in jenen Fällen, in denen die Aufhebung des Aktes und damit eine Anwendung von Art. 34 Abs. 1 Satz 3 EGKSV scheitert, ohne daß der Kläger darauf Einfluß nehmen kann. Hier soll das oben gefundene Ergebnis in vier Fallgruppen Ausnahmen erleiden:

a) Erste Fallgruppe

Die erste der Fallgruppen zeichnet sich dadurch aus, daß der Schaden erst nach Ablauf der Klagefrist erkennbar wird, so daß dem Kläger eine Aufhebung des schadenverursachenden Aktes wegen Art. 33 Abs. 3

---

[117] So die herrschende Meinung, vgl. *Rapport Délégation Française* S. 39 f.; *Breitner*, S. 7; *Schlochauer* AVR 3, 409; *ders.* Rechtsschutz S. 34 f.; *Much*, Amtshaftung S. 53, 61 und 93; *Steindorff* JZ 1953, 719 und 721; *Jerusalem*, S. 63 f.; *Daig*, Actes officiels, Bd. IV, 51 und 64; *ders.* AöR 83, 182; *Knöpfle* NJW 1959, 555; *ders.* NJW 1961, 2289; *ders.* KSE 1, 354; *de Vergottini* RTDP 1963, 104; *Goffin* RW 1963, 2150 und 2153 f.; *ders.* Juridische aspecten S. 141; *ders.* TJ 1963, 116; *ders.* DrCommEur Nr. 456; *Catalano*, Manuale 259; *Cartou* KSE 1, 339; *Blanchet* KSE 1, 346; *Ule* Juristentag 1966, Bd. I, 33 f.; *Börner*, Juristentag 1966, Bd. II, G 37; *Ehle*, Kommentar, Tz. 62 zu Art. 215 EWGV. Die uneingeschränkten Standpunkte Reuters und Wolanys haben hingegen keine weiteren Vertreter gefunden, vgl. *Reuter*, S. 94; *Wolany*, Actes officiels, Bd. IV, 347.

[118] Vgl. *Catalano*, Manuale S. 259; *de Vergottini* RTDP 1963, 104; *Blanchet* KSE 1, 347; *Knöpfle* NJW 1961, 2289.

bzw. Art. 35 Abs. 3 EGKSV verwehrt und damit Art. 34 Abs. 1 Satz 3 EGKSV, welcher die Aufhebung voraussetzt, ausgeschlossen ist. Mehrere Autoren halten daher hier ein Ausweichen auf Art. 40 Abs. 1 EGKSV für gerechtfertigt[119].

b) Zweite Fallgruppe

Die zweite Ausnahme soll die Fälle eines durch allgemeine Entscheidungen oder Empfehlungen verursachten Schadens betreffen, sofern dem Geschädigten die Klagebefugnis deshalb fehlt, weil der Akt bzw. seine Unterlassung keinen „Ermessensmißbrauch ihm gegenüber" darstellt. Hier wird die Möglichkeit einer Klage nach Art. 40 Abs. 1 EGKSV mit der auch im ersten Ausnahmefall herangezogenen Begründung befürwortet, dem Geschädigten müsse, soweit ihm der Zugang zu den Rechtsbehelfen der Art. 33 bzw. 35 EGKSV und des Art. 34 Abs. 1 Satz 3 EGKSV versperrt bleibe, wenigstens der Schadensersatz über Art. 40 Abs. 1 EGKSV gewährt werden[120]. Als besonders wichtig scheint sich diese Lösung dann zu erweisen, wenn der Akt von einem dritten, nach Art. 33 bzw. 35 EGKSV anfechtungsberechtigten — einem Mitgliedstaat z. B. — mit Erfolg angefochten wurde[121].

c) Dritte Fallgruppe

Als dringlichste Ausnahme wird die Fallgruppe der Montanfremden angesehen, da jene von der engen Klagebefugnis der Art. 33 und 35 EGKSV besonders hart betroffen zu sein scheinen. Bei der Befürwortung einer Klagemöglichkeit nach Art. 40 Abs. 1 EGKSV spielt daher der Gedanke, eine als unbillig empfundene Beschränkung der Klagebefugnis in Art. 33 Abs. 2 EGKSV abmildern zu können, eine zusätzliche Rolle[122].

d) Vierte Fallgruppe

Schließlich wird die Anwendung von Art. 40 Abs. 1 EGKSV in den schon oben[123] aufgeführten Fällen einer Unterlassung im Sinne von Art. 35 EGKSV vorgeschlagen, in denen die Maßnahme nach Ablauf der

---

119 *Roemer* Rspr. GH VII, 487; *Goffin* JT 1963, 115; *ders.* RW 1963, 2150; *ders.* DrCommEur Nr. 456; *Blanchet* KSE 1, 348.

120 *Mathijsen,* Droit CECA S. 129; *de Vergottini* RTDP 1963, 102 gegen *Much,* Amtshaftung S. 61; *Blanchet* KSE 1, 348 f.

121 *Blanchet* schlägt in diesen Fällen die Anwendung von Art. 34 EGKSV vor, vgl. KSE 1, 349. Gegen eine Ausnahme in diesen Fällen ist *Mathijsen,* Droit CECA S. 129.

122 Vgl. *Ulmer,* S. 89; *Knöpfle* NJW 1962, 2291; *ders.* KSE 1, 352 f.; *Goffin* JT 1963, 116; *ders.* RW 1963, 2152; *ders.* Juridische aspecten S. 140; *ders.* DrCommEur Nr. 457.

123 Vgl. unter Teil I, § 2 B, V 2.

Zweimonatsfrist des Art. 35 Abs. 3 EGKSV doch noch erlassen wird oder aber die Verpflichtung zum Erlaß nach diesem Zeitpunkt entällt[124].

3. *Die Lösung in den vier Fallgruppen unverschuldeten Scheiterns*

Der Lösungsvorschlag zur vierten Fallgruppe beruht auf der schon oben[125] kritisierten Vorstellung, für die Unterlassungsklage nach Art. 35 EGKSV fehle es in den genannten Fällen am Rechtsschutzbedürfnis. Da dieser Ansicht jedoch im Hinblick auf das Schadensersatzbegehren nicht zugestimmt werden kann, sind die Art. 35 und 34 Abs. 1 Satz 3 EGKSV hier nicht ausgeschlossen. Eine Notwendigkeit, auf Art. 40 Abs. 1 EGKSV auszuweichen, entsteht daher nicht.

a) Der Gedanke der Billigkeit

Bei der Auseinandersetzung mit den drei übrigen Fallgruppen muß dagegen eingeräumt werden, daß ein Bedürfnis nach Anwendung von Art. 40 Abs. 1 EGKSV besteht. Gleichwohl wäre mit einer derartigen Feststellung die Heranziehung von Art. 40 Abs. 1 EGKSV noch nicht zu rechtfertigen. Wie oben dargelegt[126], ist die Lücke im Rechtsschutzsystem des Montanvertrages von den Vertragspartnern bewußt offen gelassen worden, so daß es zu ihrer Schließung über das Vorliegen eines Bedürfnisses hinaus einer sich aus dem Vertrag ergebenden positiven Grundlage bedarf.

Die Befürworter der Ausnahmen glauben diese Grundlage im Gedanken der Billigkeit gefunden zu haben, worunter sich ihre Argumente letztlich zusammenfassen lassen. Dem Geschädigten müsse, soweit ihm der Zugang zur Nichtigkeits- bzw. Untätigkeitsklage und damit zu Art. 34 Abs. 1 Satz 3 EGKSV versagt sei, doch wenigstens der Weg über Art. 40 Abs. 1 EGKSV eröffnet werden. Wolle man die strenge Auffassung von Art. 34 Abs. 1 Satz 3 EGKSV als einer uneingeschränkten lex specialis zu Art. 40 Abs. 1 EGKSV beibehalten, so würde dies in den genannten Fallgruppen zu unbefriedigenden, mithin unbilligen Ergebnissen führen[127]. Wenn man schon einem Organ wie der Hohen Behörde (Kommission) hoheitliche Kompetenzen zuweise, so verlange dies auch das Korrelat einer Entschädigungsmöglichkeit[128].

---

[124] *Knöpfle* schlägt für diesen Fall eine Anwendung von Art. 40 Abs. 1 EGKSV dergestalt vor, daß seine Tatbestandsmerkmale durch diejenigen des Art. 34 Abs. 1 Satz 3 EGKSV ersetzt werden, vgl. NJW 1961, 2290.

[125] Siehe unter Teil I, § 2 B, V 2.

[126] Vgl. unter Teil I, § 2 C, III.

[127] Vgl. *Jaenicke* ZaöRVR 15, 314; *Roemer* Rspr. GH VII, 487 ff.; *Ulmer*, S. 60 und 89; *Samkalden* SEW 1961, 151; *Knöpfle* NJW 1961, 2291; *ders.* KSE 1, 352 f.; *Goffin* JT 1963, 116; *ders.* RW 1963, 2152; *ders.* Juridische aspecten S. 140; *ders.* DrCommEur Nr. 457; *Blanchet* KSE 1, 350.

[128] *Roemer* Rspr. GH VII, 490.

Dieser Argumentation ist entgegenzuhalten, daß im Montanvertrag ein allgemeines Prinzip der Billigkeit nicht nachgewiesen werden kann. Es ist weder den speziellen Normen der Art. 33 bis 35 EGKSV sowie des Art. 40 EGKSV selbst noch der allgemeinen Vorschrift des Art. 31 EGKSV zu entnehmen, dessen konkrete Ausgestaltung die vorgenannten Bestimmungen darstellen. Trotz ihrer weiten Fassung führt nämlich die Generalklausel des Art. 31 EGKSV zu keiner Erweiterung des in den Artikeln 33 ff. EGKSV zum Ausdruck gebrachten Rechtschutzes, sondern stellt lediglich das Programm auf, das in den nachfolgenden Normen seine inhaltliche Ausgestaltung findet. Damit aber erweist sie sich als ungeeignet, den durch die (unterlassenen) Akte der Hohen Behörde (Kommission) Geschädigten weitere Rechte zu gewähren, als dies durch die Art. 33 und 35 EGKSV in Verbindung mit Art. 34 Abs. 1 Satz 3 EGKSV selbst geschieht.

Findet der Gedanke der Billigkeit somit im Montanvertrag selbst keine Stütze, so liegt die Vermutung nahe, daß er von seinen Befürwortern aus innerstaatlichem Rechtsdenken entlehnt und auf den Montanvertrag übertragen worden ist. Soweit die Vorschläge von deutscher Seite gemacht werden, ist dabei die Patenschaft des Rechtsgedankens in Art. 19 Abs. 4 GG unverkennbar, und Roemer beruft sich sogar ausdrücklich darauf[129].

Die Übernahme eines Rechtsgedankens aus dem innerstaatlichen Recht in das Recht der Montanunion könnte aber nur dann ein legitimes Vorgehen darstellen, wenn der herangezogene Rechtsgedanke den Rechtsordnungen aller Mitgliedstaaten immanent wäre und nicht der Montanvertrag zudem eine klare Regelung enthielte, deren Ergänzung oder veränderter Auslegung es nach dem Willen der Vertragsparteien nicht mehr bedarf. Selbst wenn sich also der Gedanke der Billigkeit — sei es als solcher, sei es als Ausfluß des Rechtsstaatsgedankens — in den Rechtsordnungen der Mitgliedstaaten nachweisen ließe, so wäre seine Übertragung auf die hier behandelten Vorschriften infolge des entgegenstehenden Willens der Vertragspartner nicht zulässig[130]. Die Schließung der Lücke im Rechtsschutzsystem des Montanrechts erweist sich damit als nicht möglich.

b) Die besondere Stellung der Montanfremden

Ungeachtet dessen ist die Frage aufgeworfen worden, ob nicht zugunsten der Montanfremden deshalb Art. 40 Abs. 1 EGKSV zur An-

---

[129] *Roemer* Rspr. GH VII, 490.

[130] Mit dieser Feststellung erledigen sich auch alle jene Argumente, mittels derer ein Rechtsschutz über den Grundsatz herbeigeführt werden soll, wonach Rechtsschutzvorschriften im Zweifel nicht zuungunsten des Rechtssuchenden auszulegen sind, vgl. *EuGH* Rspr. GH VI, 1168; *Roemer* Rspr. GH VII, 494; *Blanchet* KSE 1, 349 f.

wendung kommen müsse, weil die begrenzte Schadensersatzregelung von Art. 34 Abs. 1 Satz 3 EGKSV nur im Verhältnis von Hoher Behörde (Kommission) und Vertragsunterworfenen, also Unternehmen und Unternehmensverbänden im Sinne von Art. 80 EGKSV ihren Sinn entfalte, nicht aber auch gegenüber Montanfremden. Die den Artikeln 33 ff. EGKSV unterworfenen Personen wiesen durch gemeinsame Rechte und Pflichten eine besondere Solidarität auf, welche die Haftungsbeschränkung zu ihren Ungusten rechtfertige[131], während bei Montanfremden diese Gründe nicht zuträfen.

In der Tat findet die Vorstellung einer Art besonderen Gewaltverhältnisses im Montanvertrag eine gewisse Stütze. Als wirtschaftliche Teilintegration auf dem Gebiet von Kohle und Stahl betrifft die Montanunion in der Regel nur bestimmte Personen oder Personengruppen, denen gegenüber sie ihre Wirkung entfaltet. Den größten Teil der im Gebiet der Mitgliedstaaten ansässigen, geschweige denn der sich außerhalb befindlichen Personen erfaßt sie dagegen nicht.

Es wäre gleichwohl die Annahme verfehlt, das Rechtsschutzsystem des Montanvertrages setze auf Grund dieses Umstandes eine streng begrenzte Beziehung der Subjekte voraus. Zwar ist die Hohe Behörde (Kommission) in ihren Befugnissen grundsätzlich beschränkt; doch gilt dies in sachlicher Hinsicht, nicht aber in bezug auf Personen, so daß auch ein gegenüber einem Montanfremden erlassener Akt volle Wirksamkeit entfaltet.

Wenn der Vertrag in den Artikeln 33 ff. EGKSV die Montanfremden dennoch vom Rechtsschutz ausschließt, so deshalb, weil der Montanfremde auf Grund der erwähnten sachlichen Beschränkung in der Regel nicht betroffen ist, so daß sich die Art. 33, 35 und 34 EGKSV auf die dem Montanvertrag typischerweise unterstehenden Personen beschränken können. Die Vorstellung von einer beschränkten Anzahl dem Vertrag unterworfener Personen kann daher die Anwendung von Art. 40 Abs. 1 EGKSV zugunsten Montanfremder nicht rechtfertigen.

Noch ein weiterer Gesichtspunkt steht der gesonderten Behandlung von Montanfremden entgegen. Würde man ihnen den Schadensersatz nach Art. 40 Abs. 1 EGKSV gewähren, so kämen ihnen die Vorzüge des Art. 40 Abs. 1 EGKSV zugute, ohne daß sie den in den Artikeln 33 ff. EGKSV aufgestellten Voraussetzungen unterworfen wären. Schon im Interesse der Vermeidung einer Besserstellung kann daher Art. 40 Abs. 1 EGKSV für Montanfremde nicht zur Anwendung kommen[132].

---

[131] Vgl. *Roemer* Rspr. GH VII, 492; *Ulmer*, S. 89, Fußnote 49; *Knöpfle* NJW 1961, 2291; *ders.* KSE 1, 353.

[132] *Der Europäische Gerichtshof* ist in einem Fall dennoch einen anderen Weg gegangen, indem er Art. 40 Abs. 1 EGKSV für anwendbar erklärte, obwohl die Klägerin eine Montanfremde, die Untätigkeit der Hohen Behörde (Kom-

c) Der Sonderfall aufgehobener allgemeiner Akte

Es bleibt somit die Erörterung jenes Falles übrig, in welchem eine vom Kläger nicht angreifbare allgemeine Entscheidung oder Empfehlung von einem nach Art. 33 bzw. 35 EGKSV Klagebefugten, z. B. einem Mitgliedstaat, mit Erfolg angegriffen wurde.

Aber auch diese Lösung widerspräche, da in der Schadensersatzgewährung eine eigenständige zusätzliche Belastung der Gemeinschaft liegen würde, deren finanzielle Wirkungen vom Vertrag ebenso geächtet sind wie die Beeinträchtigungen durch Nichtigkeits- und Untätigkeitsklagen, dem Sinn und Zweck der Haftungsbeschränkung gegenüber einzelnen. Um so mehr muß dies gelten, als es sich hier regelmäßig um eine große Zahl von Ersatzberechtigten handeln wird, die versuchen wird, aus der Aufhebung der rechtswidrigen Maßnahme Vorteile zu ziehen[133].

Es erweist sich damit insgesamt, daß die in den vier Fallgruppen befürworteten Ausnahmen vom ursprünglich gefundenen Ergebnis weder aus dem Montanvertrag selbst noch aus allgemeinen Rechtsgrundsätzen der Rechtsordnungen der Mitgliedstaaten gerechtfertigt werden können. Der Satz, wonach eine Klage nach Art. 40 Abs. 1 EGKSV immer dann unzulässig ist, wenn der Schaden auf einer Entscheidung oder Empfehlung im Sinne von Art. 14 EGKSV bzw. der Unterlassung einer solchen Maßnahme beruht, erleidet daher keine Einschränkung, mit der Folge, daß im Montanrecht negative Nichtigkeits- bzw. Untätigkeitsklagen die Unzulässigkeit der Schadensersatzklage immer nach sich ziehen.

§ 3 Die Lösung im Recht der Europäischen Wirtschaftsgemeinschaft

A. Die Folgerung aus der Verweisung des Art. 176 Abs. 2 EWGV auf das Recht der Montanunion

Der Exkurs über das dualistische Haftungssystem des Montanrechts sollte dem Zweck dienen, die Parallelproblematik der prozessualen Abhängigkeit der Amtshaftungsklage nach Art. 215 Abs. 2 EWGV von negativen Nichtigkeits- bzw. Untätigkeitsklagen nach den Artikeln 173

mission) im Verfahren nach Art. 35 EGKSV nicht hatte angreifen können, vgl. Rspr. GH VII, 463 ff. Er stützte sich dabei auf den Gedanken der Billigkeit, wonach „es sich in keiner Weise rechtfertigen ließe, natürlichen oder juristischen Personen, die nicht der Hoheitsgewalt der Gemeinschaft unterliegen, jeden Rechtsschutz zu versagen“.

[133] Mt Recht weist *Goffin* außerdem darauf hin, daß es paradox wäre, wenn der Schadensersatz bei allgemeinen Akten leichter zu erreichen wäre als bei individuellen Akten, JT 1963, 116.

und 175 EWGV im Montanrecht aufzuzeigen, um aus ihrem Ergebnis einen Rückschluß für die Lösung im EWG-Recht zu finden. Anlaß und Berechtigung zu diesem Vorgehen ergaben sich aus der Vorschrift des Art. 176 Abs. 2 EWGV, dessen Aufgabe nicht so sehr in seiner unmittelbaren Aussage zu sehen ist, sondern in der Klarstellung, daß das dualistische Haftungssystem des Montanrechts im EWG-Vertrag keine Renaissance erleben sollte.

Wenn daher im montanrechtlichen Haftungssystem negative Nichtigkeits- bzw. Untätigkeitsklagen zu der Folge führen, daß eine auf einen rechtswidrigen Akt bzw. die rechtswidrige Unterlassung eines Aktes gestützte Schadensersatzklage nach Art. 40 Abs. 1 EGKSV unzulässig ist, so muß daraus für das EWG-Recht die umgekehrte Folgerung gezogen werden, daß hier negative Nichtigkeits- bzw. Untätigkeitsklagen auf die Zulässigkeit der Amtshaftungsklage keine Auswirkung besitzen[134].

Das Fehlen eines EWG-rechtlichen Pendants zur Spezialnorm des Art. 34 Abs. 1 Satz 3 EGKSV in Verbindung mit dem Vorbehalt des Art. 40 Abs. 1 EGKSV macht deutlich, daß die Amtshaftungsklage des Art. 215 Abs. 2 EWGV nicht nur bei erfolgreich durchgeführten Nichtigkeits- bzw. Untätigkeitsklagen ein gegenüber den Artikeln 173 und 175 EWGV selbständiger und unabhängiger Rechtsbehelf sein soll[135], sondern gerade auch dann, wenn die Nichtigkeits- bzw. Untätigkeitsklage scheitert bzw. nicht zur Durchführung kommt[136].

Zusammenfassend ist daher festzustellen, daß eine prozessuale Abhängigkeit der Amtshaftungsklage nach Art. 215 Abs. 2 EWGV von einer erfolgreich durchgeführten Nichtigkeits- bzw. Untätigkeitsklage nach Art. 173 bzw. Art. 175 EWGV nicht besteht[137].

---

[134] So auch *Roemer* Rspr. GH XVII, 991.

[135] Vgl. die Feststellung unter Teil I, § 1 B.

[136] Die prozessuale Selbständigkeit der Amtshaftungsklage gegenüber den Rechtsbehelfen der Artikel 173 und 175 EWGV betonen: *Berié - Miller*, Anm. 2 zu Art. 176 EWGV; *Wohlfahrth*, Kommentar, Anm. 2 zu Art. 176 EWGV; *Groeben - Boeckh*, Kommentar, Anm. 2 zu Art. 176 EWGV; *Grisoli* RDCO 1961, 130; *ders.* L'illécito S. 85 ff.; *Roemer* Rspr. GH VI, 1005; *ders.* Rspr. GH XVII, 992 f.; *Goffin* JT 1963, 239; *ders.* RW 1963, 2160 f.; *Ehle*, Kommentar, Tz. 8 zu Art. 176 EWGV; Tz. 4 zu Art. 178 EWGV; Tz. 63 zu Art. 215 EWGV; *ders.* WRP 1964, 158; *Ule*, Juristentag 1966, Bd. I, 29; *Much*, Staatshaftung S. 747; *Jaenicke*, Staatshaftung S. 876; *van der Burg* SEW 1969, 212; *Schroeder*, S. 272 f.; *EuGH* Rspr. GH XVII, 325 und 336; XVI, 975 und 983 f.; XVIII, 391 und 404; *Dutheillet de Lamothe* Rspr. GH XVII, 344; *ders.* Rspr. GH XVIII, 412 ff.; *Mayras* Rspr. GH XVIII, 1021; *ders.* XIX, 806 f. Vgl. auch *Ehle* AWD 1973, 473; *Roth*, S. 80 ff., insbesondere S. 87 und 100.

[137] So der *Europäische Gerichtshof* ausdrücklich in Rspr. GH XVII, 325 und 336, sowie in Rspr. GH XVII, 975 und 983 f., womit er zugleich die Entscheidung im „Plaumannfall" (wo die Zulässigkeit der Amtshaftungsklage trotz gleicher Problematik bejaht worden war, vgl. Rspr. GH IX, 215 ff., insbesondere 216

B. Die Rechtsordnungen der Mitgliedstaaten

Dieses Ergebnis wird durch einen Blick in die Rechtsordnungen der Mitgliedstaaten bestätigt[138]. Abgesehen von dem auf das Land Bayern begrenzten Sonderfall des Art. 2 AG ZPO[139] verbieten lediglich zwei Mitgliedstaaten, nämlich Italien und Luxemburg, dem Richter der Amtshatungsklage — in bestimmten, hier nicht näher interessierenden Fällen[140] — ohne vorherige Durchführung einer Nichtigkeits- bzw. Untätigkeitsklage positiv zu entscheiden, mit der Folge, daß die Amtshaftungsklage unzulässig ist. Ihren Grund findet diese Regelung im Prinzip der Gewaltenteilung, weil der ordentliche Richter, der in diesen Ländern über die Schadensersatzklage zu befinden hat[141], nach italienischem und luxemburgischen Recht zur Beurteilung der Rechtmäßigkeit von Akten oder Unterlassungen der Behörden, d. h. Maßnahmen der Exekutive, nicht befugt ist, auch dann nicht, wenn es sich um eine inzidente Entscheidung handelt[142]. Auf das EWG-Recht ist dieser Gedanke jedoch nicht übertragbar, weil die Amtshaftungsklage einerseits und die Nichtigkeits- bzw. Verpflichtungsklage andererseits — wie in Frankreich[143] — ein und demselben Richter zugewiesen sind, so daß eine Gefahr der Verletzung des Grundsatzes der Gewaltenteilung nicht auftritt[144]. In der Bun-

---

und 239 f.) insoweit bestätigte. Vgl. auch *Ehle*, Kommentar, Tz. 4 bis 10 zu Art. 178 EWGV; *Ipsen* Gemeinschaftsrecht 27/8 und *Dutheillet de Lamothe* Rspr. GH XVII, 344; *ders.* Rspr. XVIII, 412 ff. Letzterer weist insbesondere den Vorschlag der Kommission zurück, die Zulässigkeit der Amtshaftungsklage auch dann zu verneinen, wenn die Inanspruchnahme des nationalen Rechtswegs mit der Möglichkeit, die Verordnung im Wege der Vorabklage nach Art. 177 EWGV inzident zu überprüfen, versäumt worden ist. Siehe dazu auch *Ehle* AWD 1973, 473 f.

138 Die Heranziehung der Rechtsordnungen der Mitgliedstaaten ist hier streng genommen nicht mehr erforderlich, vgl. *Daig* AöR 83, 181. Andererseits kann sie nicht als unzulässig angesehen werden, vgl. Fußnote 2 in Teil I.

139 Art. 2 AGZPO in Verbindung mit den §§ 8 ff. der VO vom 8. 8. 1950 (Bayrisches Gesetz- und Verordnungsblatt 1950, 115), vgl. *Jaenicke*, Staatshaftung S. 121.

140 In Italien ist dies der Fall, wenn der Schaden nicht auf der Verletzung eines subjektiven Rechts beruht, sondern lediglich ein rechtliches Interesse („interesse legittimo") verletzt wurde, vgl. *Galeotti*, Staatshaftung S. 331 ff. Für Luxemburg vgl. *Arendt*, Staatshaftung S. 474; *Schröder*, S. 224.

141 Für Italien ergibt sich dies aus Art. 2 Ges. vom 20. 3. 1865 Nr. 2248, Anhang E. Für Luxemburg folgt es aus den Artikeln 84 f. Verfassung.

142 Vgl. für Italien Art. 4 Ges. vom 20. 3. 1865 Nr. 2248, Anhang E und *Bachelet*, Gerichtsschutz S. 477. Vgl. für Luxemburg *Arendt*, Staatshaftung S. 474; *Jaenicke*, Staatshaftung S. 874.

143 In Frankreich ist für die Schadensersatzklage wegen der Haftung des Staates aus Amtspflichtverletzung grundsätzlich der Verwaltungsrichter zuständig, vgl. *Fromont*, Staatshaftung S. 172; *Auby - Drago*, Nr. 322 ff.

144 Vgl. *Sperduti* KSE 1, 323; *Much*, Staatshaftung S. 746; *Schroeder*, S. 273; insbesondere *Roemer* Rspr. GH XVII, 991.

desrepublik Deutschland, Frankreich, Belgien, den Niederlanden und den drei Beitrittsstaaten ist die Amtshaftungsklage in den hier behandelten Fällen ohnehin zulässig[145].

C. Der Ausnahmevorschlag für Schadensersatzklagen europäischer Beamter

Von dem damit sowohl aus dem Gemeinschafts- als auch dem Recht der Mitgliedstaaten hergeleiteten Ergebnis prozessualer Unabhängigkeit der Amtshaftungsklage von negativen Nichtigkeits- bzw. Untätigkeitsklagen weicht die Rechtsprechung des Gerichtshofs in einem Sonderfall ab, nämlich bei Schadensersatzklagen europäischer Beamter nach Art. 179 EWGV in Verbindung mit Art. 91 Beamtenstatut.

Sofern die Verhandlung in diesen Fällen ergibt, daß es dem Kläger lediglich bzw. eigentlich darum geht, den Erfolg der nicht (mehr) möglichen Nichtigkeits- bzw. Untätigkeitsklage auf dem Umwege über die Schadensersatzklage zu erreichen, soll letztere unzulässig sein. Die Schadensersatzklage dürfe nicht dazu benutzt werden, die Unzulässigkeit einer Nichtigkeits- bzw. Untätigkeitsklage zu umgehen[146]. Die Kommission hat diese Argumentation auch auf andere als Beamtenklagen ausdehnen wollen[147], bisher jedoch damit keinen Erfolg verbuchen können[148].

Eine dogmatische Grundlage für die Sonderbehandlung von Schadensersatzklagen europäischer Beamter ist bis heute nicht gegeben worden. In der Tat läßt sich schwerlich ein Grund dafür anführen, weshalb der Versuch, das Klageziel einer Nichtigkeits- bzw. Untätigkeitsklage unter Täuschung des Gerichts über die wahren Motive der Klage zu verfolgen, nur bei Beamtenklagen nicht jedoch bei sonstigen Schadensersatzklagen als Umgehung gewertet werden soll. Insbesondere kann dies nicht mit dem Umstand gerechtfertigt werden, daß der bei Beamtenklagen „erschlichene" Aufhebungs- bzw. Verpflichtungseffekt typischer-

---

145 Vgl. *Goffin* CMLR 1963/64, Bd. I, 354 ff.; *Much*, Staatshaftung S. 749; *ders.* Amtshaftung S. 60; *Ehle*, Kommentar, Tz. 45 und 63 zu Art. 215 EWGV; *Roemer* Rspr. GH XVII, 991.

146 *EuGH* in Rspr. GH XII, 827; XIII, 499; XVII, 601 und 609. Eine Wende scheint sich allerdings mit dem Urteil in Rspr. GH XVIII, 579 ff. anzubahnen, wo der Gerichtshof auf die Linie seines Urteils in Rspr. GH XVII, 325 ff., einschwänkt, vgl. insbesondere die Seiten 579 und 589. Vgl. außerdem *Dutheillet de Lamothe* Rspr. GH XVIII, 412 f.

147 Vgl. Rspr. GH IX, 262; XVII, 330. Gleicher Auffassung sind *Bülow* AWD 1963, 246; *Ehle*, Kommentar, Tz. 8 zu Art. 178 EWGV.

148 In beiden in der vorangehenden Fußnote genannten Fällen hat der *Europäische Gerichtshof* die Schadensersatzklage für zulässig erklärt (vgl. Rspr. GH IX, 239 und XVII, 336), obwohl er im „Plaumannfall" das Problem der Umgehung ausdrücklich angesprochen hatte, vgl. Rspr. GH IX, 240. Vgl. auch *Dutheillet de Lamothe* Rspr. GH XVII, 344.

weise finanzielle, d. h. wie bei der Schadensersatzklage unmittelbar geldliche Wirkungen besitzt.

Wenn daher Umgehung der Unzulässigkeit einer Nichtigkeits- bzw. Untätigkeitsklage die Zulässigkeit einer Schadensersatzklage in Frage stellen soll, so kann dies nicht für Beamtenklagen alleine gelten, sondern muß bei allen Schadensersatzklagen, die auf einen rechtswidrigen Akt bzw. die rechtswidrige Unterlassung eines Aktes gestützt werden, gleichermaßen Gültigkeit besitzen.

Fraglich bleibt jedoch auch dann, woraus die Unzulässigkeit in diesen Fällen und damit eine Ausnahme von dem oben gefundenen Ergebnis hergeleitet werden kann. Der These, wonach sich der Schadensersatzkläger den Rechtsweg erschleiche[149], ist entgegenzuhalten, daß Erschleichen des Rechtsweges nur dort erfolgen kann, wo ein Rechtsweg überhaupt nicht bzw. der vom Kläger eingeschlagene Rechtsweg nicht besteht. Beispiele dieser Art hat es in der Bundesrepublik Deutschland gegeben, als im Wege der Amtshaftungsklage versucht wurde, im zivilrechtlichen Rechtsweg einen Anspruch zu verfolgen, für welchen kraft Gesetzes der Verwaltungsrechtsweg beschritten werden mußte[150]. Im Recht der Europäischen Wirtschaftsgemeinschaft hingegen, wo es nur einen einzigen Rechtsweg gibt, kann eine solche Gefahr nicht auftreten. Erschleichen des Rechtsweges ist hier begrifflich ausgeschlossen[151].

Richtigerweise handelt es sich daher nicht um das Erschleichen des Rechtswegs, sondern der Wirkungen einer anderen — für den Kläger unzulässigen — Klageart, was jedoch seinerseits voraussetzt, daß die Schadensersatzklage nach Art. 215 Abs. 2 EWGV überhaupt geeignet ist, die Rechtswirkungen einer Nichtigkeits- bzw. Untätigkeitsklage nach den Art. 173 bzw. 175 EWGV herbeizuführen[152].

Mit Rücksicht auf die Art. 174 und 176 Abs. 1 EWGV muß eine solche Möglichkeit verneint werden. Die Nichtigkeit eines schadenstiften-

---

[149] *Bülow* AWD 1963, 246; *Ehle*, Kommentar, Tz. 8 zu Art. 178 EWGV. Vgl. auch *Roemer* Rspr. GH XVII, 993.

[150] RGZ 143, 88; RGZ 162, 232 f.; BGHZ 13, 152 und 189; *Soergel - Siebert - Glaser*, Rdnr. 102 zu § 839 BGB und Rdnr. 60 zur Einleitung vor § 1 BGB; *Kayser - Leiss*, A I, 3; *Roth*, S. 90 f.

[151] Ebenfalls ablehnend, aber mit anderer Begründung *Roth*, S. 97 f. und 100.

[152] Der *Europäische Gerichtshof* hat sich zur Stützung seiner Entscheidung darauf beschränkt, im Wege der Auslegung des klägerischen Vortrags eine Umgehungsabsicht nachzuweisen, vgl. Rspr. GH XIII, 499; *Ehle*, Kommentar, Tz. 8 zu Art. 178 EWGV. Gegenüber dieser Methode ist zu beanstanden, daß sie sich auf ein subjektives Element beschränkt. Abgesehen davon spricht jedoch ohnehin eine Vermutung dafür, daß ein Kläger, welcher die Nichtigkeits- bzw. Untätigkeitsklage nicht bzw. nicht mehr erheben kann, mit seiner Schadenersatzklage in aller Regel das Ziel verfolgen wird — zumindest auch — die Wirkungen der Nichtigkeits- bzw. Untätigkeitsklage herbeizuführen.

den Aktes bzw. die Verpflichtung zum Erlaß eines Aktes stellen Urteilsfolgen dar, die durch diese beiden Bestimmungen ausschließlich dem Nichtigkeits- und dem Untätigkeitsurteil zugewiesen sind, so daß ein Amtshaftungsurteil — ebenso wie eine inzidente Feststellung auf Grund der Vorschrift des Art. 184 EWGV[153] — derartige Rechtsfolgen nicht herbeiführen kann[154]. Es beschränkt sich auf die Feststellung, daß eine Vertragsverletzung im Sinne von Art. 173 oder 175 EWGV vorliegt, ohne die Bestandskraft des Aktes zu berühren.

Zugleich bleiben damit die Folgen der Schadensersatzklage auf die Beziehung Kläger-Beklagter beschränkt, ohne daß Wirkungen erga omnes zu befürchten wären, wie dies bei Nichtigkeits- bzw. Untätigkeitsklagen der Fall sein kann. Wenn sich das betroffene EWG-Organ ungeachtet dessen im Hinblick auf die inzidenten Feststellungen des Gerichtshofs im Schadensersatzurteil verpflichtet sieht, den rechtswidrigen Akt aufzuheben, bzw. einen neuen Akt zu erlassen, so stellt sich dies — abgesehen davon, daß derartige Maßnahmen nur für die Zukunft gültig wären — nicht als zwingende Folge des Urteils dar, sondern als Konsequenz praktischer Erwägungen des EG-Organs ohne den Hintergrund der Erfüllung einer Rechtspflicht[155]. Eine Schadensersatzpflicht gegenüber Dritten würde dadurch nicht indiziert sein; sie müßten ihrerseits Klage erheben.

Erweist sich aber damit die Ausnahmebehandlung von Schadensersatzklagen europäischer Beamter als ungerechtfertigt, so erleidet das oben gefundene Ergebnis der prozessualen Unabhängigkeit der Amtshaftungsklage von negativen Nichtigkeits- bzw. Untätigkeitsklagen keine Ausnahme. Die auf einen rechtswidrigen Akt bzw. die rechtswidrige Unterlassung eines Aktes gestützte Amtshaftungsklage nach Art. 215 Abs. 2 EWGV ist bei gescheiterter bzw. unterbliebener Nichtigkeits- bzw. Untätigkeitsklage im Sinne von Art. 173 bzw. 175 EWGV niemals unzulässig.

---

[153] Vgl. *EuGH* Rspr. GH VIII, 1042; *Bebr*, Judicial Control S. 146 f.; *ders.*, Rechtsbescherming S. 91 f; *Quadri*, Anm. 1 und 4 zu Art. 184 EWGV; *Groeben-Boeckh*, Kommentar, Anm. 1 zu Art. 184 EWGV; *Ehle* MDR 1964, 719; *ders.* Kommentar, Tz. 10 und 15 zu Art. 184 EWGV; *Gaudet*, Festschrift Hallstein S. 221; *Ule*, Juristentag 1966, Bd. I, 38 und 64; *Börner*, Juristentag 1966, Bd. II, G 50.

[154] Vgl. *Bülow* AWD 1963, 246; *Ehle*, Kommentar, Tz. 9 zu Art. 178 EWGV; *van der Burg* SEW 1969, 212; *Dutheillet de Lamothe* Rspr. GH XVIII, 413. Daher abzulehnen *EuGH* Rspr. GH XI, 240. Vgl. auch *Roth*, S. 82 und 97 f.

[155] Vgl. *Bülow* AWD 1963, 246; *Ehle*, Kommentar, Tz. 9 zu Art. 178 EWGV.

§ 4 Die Folgen der prozessualen Unabhängigkeit der Amtshaftungsklage von der Nichtigkeits- bzw. Untätigkeitsklage

Der Umstand, daß gescheiterte oder nicht zur Durchführung gelangte Nichtigkeits- bzw. Untätigkeitsklagen auf die Zulässigkeit einer auf einen rechtswidrigen Akt bzw. der rechtswidrigen Unterlassung eines Aktes gestützten Schadensersatzklage keine Auswirkungen besitzen, hat für den Kläger zur Folge, daß er in der prozessualen Disposition über seine Amtshaftungsklage frei ist: Er kann die Amtshaftungsklage, wenn ihm das opportun erscheint, mit einer der beiden anderen Klagen gleichzeitig erheben, also prozessual verbinden[156], er kann sie aber auch alleine anstrengen, ohne die anderen Rechtsbehelfe zuvor in Anspruch genommen zu haben[157].

Wählt er aus Gründen der Einfachheit oder aus sonstigen Motiven heraus die letztere Möglichkeit, so wird der Europäische Gerichtshof trotz negativer Nichtigkeits- bzw. Untätigkeitsklage nicht daran gehindert sein, unverzüglich in die sachliche Prüfung der Schadensersatzklage einzutreten und — sofern nicht andere weiter unten zu erörternde Gesichtspunkte entgegenstehen[158] — die Rechtswidrigkeit der schadenstiftenden Maßnahme bzw. Unterlassung inzident prüfen[159].

Ist somit die Amtshaftungsklage in jedem Fall zulässig, so bleibt im Rahmen der hier gestellten Aufgabe nur noch die weitergehende Frage zu beantworten, ob sich der Umstand, daß der schadenstiftende Akt bzw. die schadenauslösende Unterlassung eines Aktes nicht Gegenstand einer Klage nach Art. 173 bzw. 175 EWGV waren, auf die Begründetheit der Amtshaftungsklage, also materiellrechtlich, auswirkt.

---

156 Vgl. *Daig* AöR 83, 183; *Groeben - Boeckh*, Kommentar, Anm. 1 zu Art. 178 EWGV; *Roemer* Rspr. *GH* IX, 262; *EuGH* Rspr. GH IX, 239; *Ehle*, Kommentar, Tz. 6 zu Art. 178 EWGV; *Ule*, Juristentag 1966, Bd. I, 31 f.; *Much*, Staatshaftung S. 747; *Goffin* DrCommEur Nr. 943. Abzulehnen: *Seybold*, S. 217.

157 So auch der *Europäische Gerichtshof* in Rspr. GH XII, 827; *Ehle*, Kommentar, Tz. 63 zu Art. 215 EWGV; *Jaenicke*, Staatshaftung S. 875; *Schroeder*, S. 274. Vgl. auch *Goffin* JT 1963, 239; *ders.* RW 1963, 2160 f.

158 Vgl. dazu Teil II der Arbeit.

159 Vgl. *Ehle*, Kommentar Tz. 7 und 9 zu Art. 178 EWGV; *Much*, Staatshaftung S. 749; *Schroeder*, S. 273.

TEIL II

Die Auswirkungen negativer Nichtigkeits- bzw. Untätigkeitsklagen auf die Begründetheit der Amtshaftungsklage

§ 1 Unbegründetheit der Amtshaftungsklage infolge der Bindung an die Bestandskraft des schadenstiftenden Aktes

Der Europäische Gerichtshof hat im eingangs zitierten „Plaumannfall“[1] die Amtshaftungsklage auf Grund einer negativen Nichtigkeitsklage als unbegründet abgewiesen und dies mit der These untermauert, ein nicht für nichtig erklärter Verwaltungsakt könne als solcher keinen Amtsfehler im Sinne von Art. 215 Abs. 2 EWGV begründen[2].

Grundlage dieses nicht näher ausgeführten Urteilsausspruchs könnte die Vorstellung gewesen sein, der Richter der Amtshaftungsklage sei an die Bestandskraft[3] des schadenstiftenden Aktes gebunden und infolgedessen daran gehindert, die Rechtmäßigkeit des Aktes inzident zu überprüfen und damit das Tatbestandsmerkmal „Amtsfehler“ zu subsumieren. Die Konsequenz wäre in der Tat die Abweisung der Amtshaftungsklage wegen Unbegründetheit.

Zu klären ist also, ob der Richter einer auf einen rechtswidrigen Akt gestützten Amtshaftungsklage an die Bestandskraft des schadenauslösenden Aktes gebunden ist.

---

[1] Vgl. Rspr. GH IX, 215 ff. Siehe auch die Einleitung zu dieser Arbeit.

[2] Das Urteil im „Plaumannfall“ hat einhellige Ablehnung gefunden, vgl. *Bülow* AWD 1963, 243; *Goffin* CMLR 1963/64, Bd. I, 356; *ders.* JT 1963, 237 ff.; *ders.* RW 1963, 2080 ff. und 2144 ff.; *ders.* DE 1963, 379 f.; *ders.* DrCommEur Nr. 461 und 944 f.; *Roemer* Rspr. GH XII, 834 und XVII, 992; *Nicolaysen* NJW 1963, 2214; *Fuß* DöV 1964, 577 ff.; *ders.* Rechtsstaatsgedanke S. 96 und 114 ff.; *ders.* EuR 1968, 368 ff.; *Mailänder,* Betrieb 1965, 1312 und 1319; *Mathijsen,* Fusion S. 124 f.; *Vignes* RDIC 1964, 117; *Ule,* Juristentag 1966, Bd. I, 32 und 34 f.; *Börner,* Juristentag 1966, Bd. II, G 17 f., 37 und 49; *Steindorff,* Rechtsschutz S. 95; *Jaenicke,* Staatshaftung S. 875 f.; *Much,* Staatshaftung S. 749; *Heldrich* EuR 1967, 344; *Däubler* NJW 1968, 330; *von der Burg* SEW 1969, 212 ff.; *Schroeder,* S. 272 ff.; *Ehle,* Kommentar, Tz. 45 und 63 zu Art. 215 EWGV sowie Tz. zu Art. 178; *Roth,* S. 87.

[3] So auch *Roth,* S. 83.

A. Die in Art. 184 EWGV vorausgesetzte Bindungswirkung bestandskräftiger Akte

Die Bindungswirkung bestandskräftiger Akte von EG-Organen hat im EWG-Vertrag keine ausdrückliche Regelung gefunden; sie wird jedoch in den Artikeln 184 und 177 EWGV stillschweigend vorausgesetzt. Beide Vorschriften erteilen dem Richter bei Inzidentprüfungen von der Bindung an die Bestandskraft Befreiung, wobei sich jedoch Art. 184 EWGV, der auch auf Art. 215 Abs. 2 EWGV zur Anwendung kommt[4], nur auf bestandskräftige Verordnungen bezieht, während er zu anderen Akten schweigt.

Auf das Amtshaftungsverfahren übertragen scheint dies zu bedeuten, daß der Amtshaftungsrichter zwar eine bestandskräftige Verordnung inzident überprüfen darf, bei anderen Akten jedoch an deren Bestandskraft gebunden ist. Die Bedeutung dieser Unterscheidung soll daher im folgenden einer näheren Untersuchung unterzogen werden.

Der enge Wortlaut des Art. 184 EWGV wurde von den Vertragspartnern im Anschluß an die Rechtsprechung des Gerichtshofs zu Art. 36 Abs. 3 EGKSV bewußt gewählt, wodurch entschieden worden war, daß unter Entscheidungen und Empfehlungen im Sinne der genannten Norm nur die allgemeinen, nicht auch die individuellen zu verstehen seien[5].

Wenn diese Auslegung in das EWG-Recht übernommen wurde, so deshalb, weil Verordnungen ebenso wie die allgemeinen Entscheidungen und Empfehlungen des Montanvertrages vom einzelnen nicht angefochten werden können, andererseits jedoch häufig die Rechtsgrundlage für individuelle Akte bilden, so daß ein Interesse besteht, dem betroffenen einzelnen wenigstens die einredeweise Geltendmachung der Rechtswidrigkeit zu ermöglichen[6]. Art. 184 EWGV stellt damit das rechtsstaatliche Korrelat zur Einschränkung der Nichtigkeitsklage des Art. 173 EWGV bei Verordnungen dar[7].

---

[4] Vgl. Fußnote 3 in Teil I.

[5] Vgl. *EuGH* Rspr. GH IV, 7 ff., 27 ff., 51 ff., 67 ff.; 159 ff. und 191 f.; Rspr. GH V, 43 ff., 71, 285 ff., 314, 399 ff. und 419; Rspr. GH VI, 121 ff. und 139.

[6] Die inzidente Nachprüfung besitzt gegenüber der direkten Anfechtung den Vorteil, daß der für rechtswidrig gehaltene Akt nicht für nichtig erklärt werden kann, also mit Wirkung erga omnes bestehen bleibt, vgl. Fußnote 153 in Teil I.

[7] Vgl. zu dieser Funktion von Art. 184 EWGV *Wohlfarth*, Kommentar, Anm. 1 zu Art. 184 EWGV; *Groeben - Boeckh*, Kommentar, Anm. 1 zu Art. 184 EWGV; *Quadri*, Anm. 1 und 3 zu Art. 184 EWGV; *Daig* AöR 83, 177; *ders.* Festschrift Riese S. 195; *Rietz*, S. 123; *Bebr*, Rechtsbescherming S. 69; *ders.* Judicial Control S. 140 und 145; *Catalano*, Manuale S. 90; *Steindorff*, Rechtsschutz S. 62; *Neri*, Protection S. 62; *Mailänder*, Betrieb 1965, 1313; *Ehle*, Kommentar, Tz. 2 zu Art. 184 EWGV; *Matthies*, Juristentag 1966, Bd. II, G 66.

B. Der Versuch, Art. 184 EWGV auf andere Akte auszudehnen

Es konnte nicht ausbleiben, daß diese auf Vervollständigung unvollkommenen Rechtsschutzes gerichtete Ausgestaltung zu der Überlegung führte, ob nicht auch andere in Art. 173 EWGV von der Anfechtung völlig oder nahezu ausgeschlossene Akte zum Gegenstand der Einrede der Rechtswidrigkeit gemacht werden und damit auch der jederzeitigen Inzidentprüfung unterworfen sein sollten[8]. Insbesondere wurde diese Forderung bei Richtlinien[9] und an Mitgliedstaaten gerichteten Entscheidungen (Mitgliedstaatenentscheidungen[10]) erhoben.

Die Einbeziehung beider Akte in Art. 184 EWGV begegnet jedoch Bedenken. Soweit Richtlinien oder Mitgliedstaatentscheidungen zum Erlaß von Individualakten führen, handelt es sich im Gegensatz zu Akten, die auf Verordnungen beruhen, um Maßnahmen nationaler Behörden[11], deren Anfechtung vor einem nationalen Gericht und nicht vor dem Europäischen Gerichtshof zu betreiben ist. Einreden der Rechtswidrigkeit, die in jenen Fällen geltend gemacht werden, führen infolgedessen zum Vorlageverfahren des Art. 177 Abs. 1 b EWGV[12], während Art. 184 EWGV auf diejenigen Fälle beschränkt bleibt, in denen die Einrede in einem vor dem Europäischen Gerichtshof anhängigen Verfahren erhoben wird[13]. Einreden gegen Richtlinien oder Mitgliedstaatentscheidungen werden also unter Ausschluß von Art. 184 EWGV zur Anwendung von Art. 177 Abs. 1 b EWGV führen, mit der Folge, daß sich eine Einbeziehung dieses Aktes in Art. 184 EWGV als nicht sinnvoll erweist[14].

C. Die ratio der Beschränkung des Art. 184 EWGV auf Verordnungen

Wird damit die Beschränkung des Art. 184 EWGV auf Verordnungen aus seiner ratio heraus gerechtfertigt, so folgt daraus im Umkehrschluß, daß andere (bestandskräftige) Akte keiner Inzidentprüfung unterworfen sind, es sei denn, daß dieser Umkehrschluß bei den Inzidentprüfun-

---

[8] Vgl. *Daig* AöR 83, 177; *Däubler* NJW 1968, 329; *Knöpfle* NJW 1959, 555. Vgl. auch *Neri*, Protection S. 63 f.; *Valentine*, S. 329 f.

[9] Vgl. *Ipsen*, Festschrift Ophüls S. 84; *Börner*, Fusion S. 283; *ders.* Juristentag 1966, Bd. II, G 38 und 49; *Ule*, Juristentag 1966, Bd. I, 65 und 137; *Fuß*, Rechtsstaatsgedanke S. 128; *Däubler* NJW 1968, 329.

[10] Vgl. *Börner*, Juristentag 1966, Bd. II, G 38 und 49; *Däubler* NJW 1968, 329. Vgl. aber *Steindorff*, Rechtsschutz S. 95.

[11] Vgl. *Matthies*, Juristentag 1966, Bd. II, G 66 f.

[12] Art. 177 EWGV bildet insofern das Gegenstück zu Art. 184 EWGV, vgl. *Rietz*, S. 124; *Tomuschat*, S. 90 ff.

[13] Vgl. *Bebr*, Judicial Control S. 142; *Mailänder*, Betrieb 1965, 1313; *Matthies*, Juristentag 1966, G 67; *Quadri*, Anm. 2 zu Art. 184 EWGV; *Ehle*, Kommentar, Tz. 7 zu Art. 184 EWGV.

[14] Vgl. *Quadri*, Anm. 3 zu Art. 184 EWGV.

gen im Rahmen des Art. 215 Abs. 2 EWGV ausnahmsweise nicht zur Anwendung käme.

Entsprechende Zweifel ergeben sich dadurch, daß die Beschränkung in Art. 184 EWGV nur deshalb erfolgt ist, weil für andere Akte angesichts der Regelung des Art. 177 EWGV das Vorliegen eines Bedürfnisses verneint wurde. Überhaupt sahen die Vertragspartner die in den Artikeln 184 und 177 EWGV geregelten Fälle der Einrede der Rechtswidrigkeit ausschließlich im Zusammenhang mit der Nichtigkeitsklage des Art. 173 EWGV und erklärten infolgedessen die Durchbrechung der Bindungswirkung nur in dem Maße für zulässig, wie dies für den durch die Art. 184 und 177 EWGV verfolgten Zweck, nämlich Komplementierung des nach Art. 173 EWGV unvollständigen Rechtsschutzes, erforderlich war[15]. Die durch die Art. 184 EWGV und 177 EWGV abgedeckten Fälle — Einreden der Rechtswidrigkeit bei Akten, die die Rechtsgrundlagen anderer Akte bildeten — traten also typischerweise im Rahmen von Nichtigkeitsklagen, nicht aber anläßlich von Amtshaftungsklagen in Erscheinung.

Wäre Art. 184 EWGV im Hinblick auf Art. 215 Abs. 2 EWGV konzipiert worden, so hätte es keinen Grund gegeben, die Vorschrift auf Verordnungen zu beschränken. Die inzidente Überprüfung bestandskräftiger Akte wäre entweder schlechthin für zulässig erklärt oder aber auf Grund eines allgemeinen EWG-rechtlichen Grundsatzes der Bindungswirkung der Bestandskraft für insgesamt unzulässig erklärt worden.

D. Der aus den Artikeln 177 und 184 EWGV ableitbare Grundsatz der Unbeachtlichkeit der Bestandskraft bei Inzidentprüfungen

Daß es jedoch im EWG-Recht keinen allgemeinen Grundsatz gibt, wonach die Bestandskraft von Akten ihre inzidente Überprüfung verbietet, läßt sich gerade aus den Artikeln 177 und 184 EWGV ableiten.

Beide Vorschriften erteilen für Inzidentprüfungen eine im Grunde uneingeschränkte Befreiung von der Bindungswirkung der Bestandskraft, vorausgesetzt, daß dafür ein Bedürfnis vorhanden ist. Diese Tatsache erhellt insbesondere aus dem weit gefaßten Begriff „Handlungen"[16] in

---

[15] Vgl. *Ehle*, Kommentar, Tz. 2 zu Art. 184 EWGV. Vgl. auch Fußnote 7 in Teil II. Vgl. weiterhin die „exception d'illégalité" bzw. „Einrede der Rechtswidrigkeit" im Recht der Mitgliedsstaaten: Belgien: Art. 107 belgische Verfassung; Bundesrepublik Deutschland: Art. 100 Abs. 1 GG; Frankreich: vgl. *Lücking*, S. 42 ff.; Italien: Art. 5 Ges. vom 20. 3. 1865 Nr. 2248, Anhang E; Luxemburg: Art. 95 luxemburgische Verfassung; Niederlande: vgl. *Langemeijer*, Gerichtsschutz S. 808.

[16] Mit dem Begriff „Handlungen" sind, wie die französische und italienische Fassung („actes" bzw. „atti") zeigen, Akte im Sinne von Art. 189 EWGV ge-

Art. 177 EWGV[17], mit dem klargestellt werden soll, daß bei der Vorabentscheidung grundsätzlich jeder bestandskräftige Akt der Inzidentprüfung unterzogen werden kann, selbst Richtlinien und Mitgliedstaatenentscheidungen[18].

Die einzige Ausnahme bilden die individuellen Entscheidungen, was seinen Grund aber darin findet, daß Individualentscheidungen im Gegensatz zu allen anderen Akten nach Art. 173 EWGV der unmittelbaren Anfechtung unterliegen, so daß für ihre Einbeziehung weder im Rahmen von Art. 184 EWGV noch im Rahmen von Art. 177 EWGV ein Bedürfnis besteht[19]. Diese auch schon bei Art. 36 Abs. 3 EGKSV vertretene Auslegung[20] erweist sich daher nur als Bestätigung der obigen Feststellung.

Als Ergebnis ist daher festzuhalten, daß die Bestandskraft von Akten der EG-Organe den Richter der Amtshaftungsklage nicht daran hindert, den schadenstiftenden Akt inzident auf seine Rechtmäßigkeit zu prüfen[21]. Eine Unbegründetheit der Amtshaftungsklage infolge der Bestandskraft des schadenstiftenden Aktes gibt es infolgedessen nicht[22].

---

meint. Noch weitergehend: *Tomuschat*, S. 80 f. Vgl. auch *Roemer* Rspr. GH X, 46 f.; *Wohlfarth*, Kommentar, Anm. 2 zu Art. 177 EWGV; *Gaudet*, Festschrift Hallstein S. 222; *Daig* EuR 1968, 277.

[17] Die Abfassung von Art. 177 EWGV erfolgte in Anlehnung an das Vorbild in Art. 41 EGKSV.

[18] Vgl. zu den beiden Akten *EuGH* Rspr. GH X, 27; *Roemer* Rspr. GH X, 47; *Ehle* MDR 1964, 722; *Gotschlich* AWD 1964, 45; *Steindorff*, Rechtsschutz S. 94 ff.; *Schumann* ZZP 78, 127; *Matthies*, Juristentag 1966, Bd. II, G 68; *Daig* EuR 1968, 278.

[19] Dies kann allerdings nur als Grundsatz gelten. Soweit Individualentscheidungen Rechtsgrundlage weiterer Entscheidungen sind, stellt sich die Interessenlage ebenso dar wie bei den zuvor erwähnten Akten. Die Frage, wie diese Lücke im Rechtsschutzsystem der Europäischen Wirtschaftsgemeinschaft geschlossen werden könnte, überschreitet jedoch den Rahmen des hier behandelten Problems.

Die Anwendung von Art. 184 EWGV auf Individualentscheidungen lehnen ab: *Berié - Miller*, Anm. 1 zu Art. 184 EWGV; *Bebr*, Rechtsbescherming S. 75 ff.; *ders.* Judicial Control S. 146; *Wohlfarth*, Kommentar. Anm. 3 zu Art. 184 EWGV: *Rietz*, S. 123 f.; *Ehle* MDR 1964, 721; *ders.* Kommentar, Tz. 11 zu Art. 184 EWGV; *Schumann* ZZP 78, 127; *Quadri*, Anm. 3 zu Art. 184 EWGV; *Börner*, Juristentag 1966, Bd. II, G 38, Fußnote 121; *Steindorff*, Rechtsschutz S. 95; *Roth*, S. 89. Anderer Ansicht: *Tomuschat*, S. 91 f.; *Daig* EuR 1968, 278.

Die Anwendung von Art. 177 EWGV auf Individualentscheidungen lehnen ab: *Wohlfarth*, Kommentar, Anm. 1 zu Art. 177 EWGV; *Ehle* MDR 1964, 721; *ders.* Kommentar, Tz. 27 zu Art. 177 EWGV; *Rietz*, S. 123; *Roemer* Rspr. GH X, 46; *Schumann* ZZP 78, 127 f.; *Tomuschat*, S. 89 f. Das gleiche gilt für Art. 41 EGKSV, vgl. *Schüle* ZaöRVR 16, 251; *Rietz*, S. 125; *Matthies* JZ 1954, 309.

[20] *Bebr*, Judicial Control S. 140; *Ehle* MDR 1964, 721.

[21] So auch *Roth*, S. 90, wenn auch mit einer etwas formalen Begründung.

[22] Insofern findet die Entscheidung des Gerichtshofs im „Plaumannfall" durch den EWG-Vertrag keine Stütze, vgl. die Zitate der ablehnenden Meinung in Fußnote 2 in Teil II. Der *Gerichtshof* hat 1971 die These des „Plaumannfalls" in dem gleichgelagerten „Lüttickefall" nicht wieder aufgegriffen und damit

Für die vorausgegangene Untersuchung über die Bestandskraft war es nicht erforderlich, zwischen der Abweisung der Nichtigkeitsklage aus prozessualen und derjenigen aus materiellrechtlichen Gründen zu unterscheiden; auch galten die Erörterungen allein den Auswirkungen negativer Nichtigkeitsklagen. Im weiteren Verlauf der Arbeit werden jedoch die Auswirkungen negativer Untätigkeitsklagen wieder mit von Bedeutung sein und im übrigen drei Fälle voneinander getrennt werden müssen:

— zunächst der Fall, daß die Nichtigkeits- bzw. Untätigkeitsklage ihrerseits unbegründet ist; hier werden die Rechtskraftwirkung, die Präklusionswirkung sowie die Auswirkung der Beschränkung der richterlichen Prüfungsbefugnis untersucht werden müssen,
— sodann der Fall, daß die Nichtigkeits- bzw. Untätigkeitsklage schon an ihren Zulässigkeitsvoraussetzungen scheitert,
— und schließlich der Fall, daß die Nichtigkeits- bzw. Untätigkeitsklage mangels Klageerhebung ganz unterbleibt. Dieser dritte Fall wird allerdings beim zweiten angesiedelt werden können, da er im Ergebnis dem Fall der Unzulässigkeit infolge versäumter Klagefrist gleichkommt.

§ 2 Unbegründetheit der Amtshaftungsklage infolge der Rechtskraftwirkung des abweisenden Urteils der Nichtigkeits- bzw. Untätigkeitsklage

Scheitert die Nichtigkeitsklage daran, daß der angegriffene Akt keine Verletzung im Sinne von Art. 173 Abs. 1 Satz 2 EWGV enthält, so erwächst nach Art. 65 VerfO EuGH die Feststellung in materieller Rechtskraft, der Akt sei nicht rechtswidrig[23]. Der Richter der Schadensersatzklage, für den die Frage der Rechtswidrigkeit des Aktes bei der Prüfung der Amtspflichtverletzung eine Vorfrage bildet, ist daher an diese Feststellung gebunden, d. h. sie wirkt im Amtshaftungsprozeß präjudiziell[24].

Entsprechendes gibt bei Abweisung der Untätigkeitsklage aus materiellrechtlichen Gründen, indem der Richter im Amtshaftungsverfahren nicht von der Feststellung abweichen kann, daß ein im Sinne von Art. 175 EWGV rechtswidriger Verstoß nicht vorliege.

---

konkludent verworfen, vgl. Rspr. GH XVII, 325 und 336. Vgl. auch Rspr. GH XVII, 975 und 983 f.; XVIII, 391 und 404.

[23] Entgegen *Gutsche*, S. 111 wird dagegen nicht festgestellt, der angfochtene Akt sei rechtmäßig.

[24] Die präjudizielle Wirkung der Rechtskraft ist auch im Recht der Europäischen Gemeinschaften anerkannt, vgl. *André* EuR 1967, 100.

Die Begründetheit der Schadensersatzklage ist damit von dem abweisenden Urteil der Nichtigkeits- bzw. Untätigkeitsklage kraft dessen präjudizieller Wirkung abhängig[25].

Fraglich ist, ob dies auch dann zutrifft, wenn der Kläger die Rechtswidrigkeit des den Schaden auslösenden Aktes in der Amtshaftungsklage auf andere als die in der Nichtigkeitsklage geltend gemachten Gründe stützt. Die Antwort hierauf ergibt sich aus dem Umfang der Rechtskraft.

In Rechtskraft erwächst bei der Klage nach Art. 173 EWGV nicht lediglich die Feststellung, daß der angegriffene Akt nicht rechtswidrig, sondern auch in bezug auf welchen der vier Nichtigkeitsgründe dies der Fall ist[26]. Dies folgt aus der Entstehungsgeschichte von Art. 173 EWGV der das französische System der vier sogenannten „cas d'ouverture" übernommen hat[27].

Auf sie kann und muß sich der Kläger im Rechtsstreit ausdrücklich berufen[28], was sich daraus ergibt, daß der Kläger — anders als im deutschen Recht — nicht nur Tatsachen, sondern auch gewisse rechtliche Gesichtspunkte vorzutragen hat[29]. Kehrseite dieser Vortragslast ist die Möglichkeit, sich ebenso wie in den Ländern des französischen Rechtssystems und Italien[30] auf bestimmte rechtliche Gesichtspunkte zu beschränken und damit Streitgegenstand sowie Rechtskraftwirkung einzugrenzen[31]. Auch die präjudizielle Wirkung des Urteils der Nichtigkeitsklage findet daher ihre Grenze in diesem beschriebenen Rahmen.

Nur insoweit ist dazu eine Einschränkung vorzunehmen, als der Gerichtshof gewisse Nichtigkeitsgründe wie die Verletzung der Zuständigkeit[32] und die Verletzung wesentlicher Formvorschriften[33], ohne daß sich der Kläger darauf beruft, von Amts wegen untersuchen muß[34].

---

[25] Dem trägt die Entscheidung des *Europäischen Gerichtshofs* im „Plaumannfall" (Rspr. GH IX, 215 ff.) aufgrund ihrer globalen Formulierungsweise nicht Rechnung. Wenn es auf den Seiten 216 und 240 heißt, ein nicht für nichtig erklärter Verwaltungsakt könne keinen Amtsfehler darstellen, so ist dies, solange die Nichtigkeitsklage aus materiellrechtlichen Gründen abgewiesen wird, unrichtig. In diesem Falle kann nämlich sehr wohl ein Amtsfehler vorliegen; nur darf der Richter dies infolge der Rechtskraftbindung nicht feststellen.

[26] Vgl. *Gutsche*, S. 111 f.

[27] Vgl. *Ehle*, Kommentar, Tz. 51 zu Art. 173 EWGV.

[28] Vgl. *Matthies* ZaöRVR 16, 432 f.

[29] Vgl. Art. 19 Abs. 1 Satz 2 am Ende, Satzung EuGH EWG; Art. 38 § 1 Buchstabe c VerfO EuGH. Vgl. weiterhin *Matthies* ZaöRVR 16, 432 f.; *Gutsche*, S. 111.

[30] Vgl. *Fromont* EuR 1969, 209.

[31] Vgl. *Matthies* ZaöRVR 16, 433 und 438; *ders.* Festschrift Hallstein S. 318; *André* EuR 1967, 109.

[32] Vgl. *EuGH* Rspr. VI, 500; *Lagrange* Rspr. GH I, 124; *Bebr* KSE 1, 84 f.

[33] Vgl. *EuGH* Rspr. I, 33; I, 233; *Gutsche*, S. 111.

Die Rechtskraft einer abgewiesenen Nichtigkeitsklage wird also die geltend gemachten und die von Amts wegen zu prüfenden Rechtswidrigkeitsgründe erfassen und sich nur insofern auf die Begründetheit einer späteren Schadensersatzklage auswirken. Dagegen steht sie bezüglich anderer Nichtigkeitsgründe der Schadensersatzklage nicht im Wege.

§ 3 Unbegründetheit der Amtshaftungsklage infolge der Präklusionswirkung des abweisenden Urteils der Nichtigkeits- bzw. Untätigkeitsklage

Die vorangegangene Darlegung hat gezeigt, daß die Rechtskraft des Nichtigkeits- bzw. Untätigkeitsurteils den Kläger nicht daran hindert, sich im Amtshaftungsverfahren etwa auf Formnichtigkeit des angegriffenen Aktes zu berufen, nachdem er im Prozeß nach Art. 173 Abs. 2 EWGV dazu nichts vorgetragen, sondern z. B. Unzuständigkeit oder Vertragsverletzung geltend gemacht hat.

Dieser neue Vortrag könnte jedoch auf Grund der Präklusionswirkung des Nichtigkeitsurteils ausgeschlossen sein, mit der Folge, daß es dem Kläger verwehrt wäre, sich in der Amtshaftungsklage erfolgreich auf solche Nichtigkeitsgründe zu berufen, die er im Verfahren nach Art. 173 Abs. 2 EWGV schon hatte vorbringen können.

Grundsätzlich ist das Prinzip der Präklusion im EWG-Recht anerkannt[35]. Es folgt aus der Konzentrationsmaxime, die ihrerseits in den Vorschriften des Art. 38 § 1 c, Art. 40 § 1 b, Art. 41 § 1 und Art. 42 § 2 VerfO EuGH ihren Niederschlag gefunden hat und kommt in erster Linie in jenen Fällen zum Tragen, wo der Kläger eine erneute Nichtigkeitsklage unter Berufung auf neue, bisher nicht vorgebrachte Nichtigkeitsgründe erhebt. Hier wird die zweite Klage abgewiesen werden, wenn und soweit er die nunmehr vorgebrachten Gründe schon im ersten Verfahren geltend machen konnte[36].

Fraglich erscheint jedoch, ob sich dies auf einen Fall übertragen läßt, bei welchem der neue Vortrag nicht lediglich im Rahmen einer zweiten Klage, sondern in einer anderen als der ursprünglichen Klageart, der Amtshaftungsklage, erfolgt[37].

Die Antwort muß sich aus dem Sinn und Zweck der Präklusion ergeben. Als Ausfluß der Prozeßökonomie verfolgt das Institut der Präklu-

---

[34] Vgl. die Artikel 21, 22 und 29 Satzung EuGH EWG, Art. 60 VerfO EuGH; *Matthies* KSE 1, 137; *André* EuR 1967, 109; *Ehle*, Kommentar, Tz. 54 und 57 zu Art. 173 EWGV.

[35] Vgl. *Günther* KSE 12, 2 f.

[36] Vgl. *Günther* KSE 12, 1.

[37] So *André* EuR 1967, 113.

sion den Zweck, den Kläger anzuhalten, sein Ziel auf dem kürzesten und sparsamsten Wege zu verfolgen, wobei die Auferlegung dieser Pflicht ihre Rechtfertigung darin findet, daß es dem Kläger zu einem früheren Zeitpunkt möglich war, sein anvisiertes Ziel zu erreichen und es daher bei ihm selber lag, von dieser Möglichkeit Gebrauch zu machen.

Diese Entscheidungsfreiheit bietet sich jedoch dem Kläger in bezug auf die der Nichtigkeitsklage nachfolgende Amtshaftungsklage nicht, da auch bei einer sofortigen Geltendmachung der fraglichen Nichtigkeitsgründe im Rahmen der Nichtigkeitsklage der Erfolg einer Amtshaftungsklage nicht herbeigeführt oder erleichtert werden würde. Ist daher zur Erlangung des Schadensersatzes in jedem Falle die weitere Klage erforderlich, so kann das nach Art. 173 EWGV ergehende Urteil für die Amtshaftungsklage keine Präklusionswirkung entfalten.

Als Gesamtergebnis in bezug auf die Rechtskraft und die Präklusionswirkung ist daher festzustellen, daß sich Urteile abweisender Nichtigkeits- bzw. Untätigkeitsklagen auf die Begründetheit der Amtshaftungsklage zwar durch ihre Rechtskraft, nicht jedoch durch Präklusion auswirken.

§ 4 Unbegründetheit der Amtshaftungsklage infolge einer Erstreckung der Beschränkung der richterlichen Prüfungsbefugnis des Nichtigkeits- bzw. Untätigkeitsverfahrens

Beruft sich der Kläger der Amtshaftungsklage auf keinen der vier in Art. 173 Abs. 1 Satz 2 EWGV genannten Nichtigkeitsgründe, stützt er die Amtshaftungsklage vielmehr auf einen sonstigen Fehler der Entscheidung, z. B. einen Ermessenfehler, so steht dem — wie oben dargelegt wurde — die Rechtskraft des abweisenden Urteils der Nichtigkeitsklage nicht im Wege, da die Rechtskraftwirkung maximal nur die vier Nichtigkeitsgründe des Art. 173 EWGV umfassen kann.

Fraglich ist aber, wie sich in derartigen Fällen der Umstand auswirkt, daß die Prüfung auf einen Fehler erstreckt werden müßte, bezüglich dessen der Richter der Nichtigkeitsklage nicht prüfungsbefugt wäre. Würde man auch den Amtshaftungsrichter an die vier Nichtigkeitsgründe des Art. 173 Abs. 1 Satz 2 EWGV binden, so müßte eine auf sonstige Nichtigkeitsgründe gestützte Amtshaftungsklage mangels Feststellung eines Amtsfehlers als unbegründet abgewiesen werden[38].

Die gleiche Problematik ergäbe sich bei einer auf die Unterlassung eines Aktes gestützten Amtspflichtverletzung, sofern die klägerische Be-

---

[38] Für diese Lösung tritt *Ehle* ein, vgl. Kommentar, Tz. 14 zu Art. 178 EWGV.

gründung nicht auf eine Vertragsverletzung im Sinne von Art. 175 Abs. 1 EWGV, sondern z. B. einen Ermessensfehler lautete[39].

Fraglich ist also, ob die Beschränkung der richterlichen Prüfungsbefugnis der Nichtigkeits- bzw. Untätigkeitsklage für den Fall, daß der Amtsfehler aus einem schadenstiftenden Akt bzw. der schadenauslösenden Unterlassung eines Aktes hergeleitet wird, auf die Amtshaftungsklage ausgedehnt werden muß.

Der Umfang von Inzidentprüfungen ist im EWG-Vertrag an mehreren Stellen von Bedeutung und hat in Art. 184 EWGV eine ausdrückliche Regelung gefunden. Danach ist der Gerichtshof bei der Inzidentprüfung einer Verordnung an die in Art. 173 Abs. 1 EWGV genannten Gründe gebunden. In Übereinstimmung hiermit wird auch für ein Verfahren nach Art. 177 EWGV, bei welchem die Frage der Rechtswidrigkeit eines Aktes zur Debatte steht, nahezu einhellig die Ansicht vertreten, der Richter sei an den Umfang der Prüfungsbefugnis ebenso gebunden wie im Nichtigkeitsprozeß selbst[40].

Für die Inzidentprüfung nach Art. 215 Abs. 2 EWGV müßte angesichts dieser Rechtslage das gleiche gelten, vorausgesetzt, daß nicht der Umstand, daß es sich bei der Amtshaftungsklage um eine Klage mit „unbeschränkter Nachprüfungsbefugnis" handelt[41], eine Ausnahme erfordert[42].

---

[39] *Daig* rechnet den Ermessungsfehler dagegen noch zum Begriff der Verletzung des Vertrages, vgl. AöR 83, 179. Desgleichen: *Knöpfle* NJW 1959, 555; *Münch*, Festschrift Laun (80) S. 327; *Schermers*, S. 44; *Catalano*, Manuel S. 93; *Bebr*, Judicial Control S. 128; *ders.* DrCommEur Nr. 910; *Roemer* SEW 1966, 14. Anderer Ansicht: *Neri*, Protection S. 60; *Telchini* KSE 1, 381 f. Differenzierend: *Ehle* Kommentar, Tz. 20 zu Art. 175 EWGV; *Tizzano*, S. 443.

[40] So *Tomuschat*, S. 163 f. und *Daig* EuR 1968, 275 ff. Anderer Ansicht *Bebr* CLR 1958, 790 f.; *ders.* Judicial Control S. 181 und 198.

[41] Zu dieser Übersetzung des französischen Begriffs der „compétence de pleine juridiction" vgl. *Ehle*, Kommentar, Tz. 20 zu Art. 172; *Lücking*, S. 61, Fußnote 1; *Schlochauer*, Festschrift Ophüls S. 172.

[42] Das Bestehen des uneingeschränkten Nachprüfungsrechts folgt nicht aus Art. 215 Abs. 2 EWGV und der korrespondierenden Norm des Art 178 EWGV selbst — im Gegensatz zu den Artikeln 172 EWGV, 22 Abs. 3 und 91 Abs. 1 Beamtenstatut EWG/EAG — sondern aus der Entstehungsgeschichte beider Vorschriften, vgl. *Much*, Amtshaftung S. 89; *Roemer* Rspr. GH II, 471; *Euler* KSE 4 c, 662; *Ehle*, Kommentar, Tz. 18 zu Art. 172 EWGV.

Danach hat der „recours de pleine juridiction" des französischen Rechts Pate gestanden, wonach der Richter sowohl in tatsächlicher als auch in rechtlicher Hinsicht voll nachprüfen kann, vgl. *Schlochauer*, Festschrift Ophüls S. 188; *Ehle*, Kommentar, Tz. 14 zu Art. 178 EWGV; *Much*, Staatshaftung S. 742.

Angemessenheit und Zweckmäßigkeit einer Maßnahme können daher ebenso Gegenstand einer Prüfung sein wie die in den Artikeln 173 Abs. 1 Satz 2 bzw. 175 Abs. 1 EWGV aufgeführten Verstöße, vgl. *Daig* AöR 83, 184; *Groeben - Boeckh*, Kommentar, Anm. 3 zu Art. 172 EWGV; *Ehle*, Kommentar, Tz. 20 zu Art. 172 EWGV. Vgl. bzgl. des Vorbilds im französischen Recht: *Waline*, Nr. 335 f.; *Vedel*, S. 412 und 489.

In diesem Zusammenhang ist der diesbezügliche Parallelfall des Art. 172 EWGV von Interesse. Wird eine von einem EG-Organ verhängte Sanktionsmaßnahme angefochten, so räumt diese Vorschrift ausnahmsweise und im Gegensatz zu Art. 173 Abs. 1 Satz 2 EWGV dem Europäischen Gerichtshof das Recht zur „unbeschränkten Ermessensnachprüfung" und zur „Änderung der Maßnahme" ein. Dabei kann es innerhalb dieses Verfahrens zu einer Inzidentprüfung kommen und zwar hinsichtlich jenes Aktes, dessen Nichtbeachtung Anlaß zur Sanktionsmaßnahme gegeben hat.

Art. 172 EWGV schweigt zu der Frage, welchen Umfang das richterliche Prüfungsrecht für diesen Sonderfall annehmen soll; wohl aber trifft die entsprechende Vorschrift des Montanvertrages, Art. 36 Abs. 3 EGKSV eine dahingehende Regelung, daß sich die Prüfungsbefugnis des Richters auf die Nichtigkeitsgründe des Art. 33 Abs. 1 EGKSV — der Art. 173 Abs. 1 EWGV entspricht — ausdrücklich begrenzt. Das unbeschränkte Nachprüfungsrecht, wie es Art. 36 Abs. 2 EGKSV einräumt, findet damit allein auf den Hauptgegenstand der Klage Anwendung, während es bei der Inzidentprüfung nicht zum Tragen kommt[43].

Bei der Schaffung von Art. 172 EWGV ist die eindeutige Regelung des Art. 36 Abs. 3 EGKSV nicht übernommen worden. Dennoch ist davon auszugehen, daß sich beide Vorschriften voll entsprechen sollen, so daß auch für die Inzidentprüfung nach Art. 172 EWGV nichts anderes als bei Art. 36 Abs. 3 EGKSV gelten kann[44].

Es zeigt sich damit, daß die bei den Artikeln 184 und 177 EWGV aufgestellte Regel, wonach bei inzidenter Überprüfung von Akten die in Art. 173 Abs. 1 Satz 2 EWGV postulierte Beschränkung der Prüfungsbefugnis beizubehalten ist, selbst dann keine Ausnahme erleidet, wenn die Prüfungsbefugnis im anhängigen Verfahren unbeschränkt ist[45].

Dennoch begegnet die Übertragung dieses Grundsatzes auf Art. 215 Abs. 2 EWGV Bedenken[46]. Die zuvor erwähnten Fälle von Inzidentprüfung unterscheiden sich vom Verfahren bei der Amtshaftungsklage dadurch, daß der Gegenstand des jeweils anhängigen Verfahrens vom Gegenstand der Inzidentprüfung selbständig und getrennt denkbar ist. Auch die Überprüfung der Sanktionsmaßnahmen nach Art. 172 EWGV oder Art. 36 EGKSV ist unabhängig von der Überprüfung des zugrunde-

---

[43] *Ule* DVBl. 1952, 70; *Jerusalem*, S. 54, Fußnote 24, der zu Recht *Steindorff*, Nichtigkeitsklage S. 152, Fußnote 464 ablehnt; *Matthies* ZaöRVR 16, 440 f.

[44] *Ehle*, Kommentar, Tz. 20 zu Art. 172 EWGV.

[45] Vgl. auch Art. 88 Abs. 2 EGKSV, wonach nur die Feststellungsentscheidung, nicht aber die ihr zugrundeliegende Empfehlung uneingeschränkt überprüft werden darf, vgl. *EuGH* Rspr. GH VI, 137 ff.; *Matthies* ZaöRVR 16, 441 f.

[46] Aus den Artikeln 34 und 40 EGKSV läßt sich für diese Frage nichts entnehmen, da dort das Problem angesichts der Tatsache, daß die Schadensersatzklage erst nach Durchführung der Vorabklage möglich ist, nicht auftaucht.

liegenden Aktes vorstellbar; in aller Regel sogar wird die Rechtmäßigkeit des zugrundeliegenden Aktes vom Kläger nicht angezweifelt werden. Ebenso läuft die Mehrzahl der inländischen Verfahren ab, ohne daß es zu einer Aussetzung im Sinne von Art. 177 EWGV und damit zu einer Inzidentprüfung des zugrundeliegenden Aktes käme.

Bei der auf einen rechtswidrigen Akt oder die rechtswidrige Unterlassung eines Aktes gestützten Amtshaftungsklage dagegen sind der Gegenstand des anhängigen Verfahrens und der Gegenstand der inzidenten Prüfung in der Weise miteinander verknüpft, daß die im Rahmen von Art. 215 Abs. 2 EWGV zu prüfende Amtspflichtverletzung ohne Überprüfung des sie begründenden Aktes nicht gedacht werden kann, die Hauptfrage gegenüber der Inzidentfrage also keine Eigenständigkeit besitzt. Infolgedessen kann hier die richterliche Nachprüfungsbefugnis bei der Überprüfung des Aktes bzw. seiner Unterlassung nicht eingeschränkt werden, ohne daß damit auch das Nachprüfungsrecht bezüglich der Amtspflichtverletzung selbst beschränkt und damit dem Charakter der Amtshaftungsklage als einem „recours de pleine juridiction“ widersprochen wird.

Im Gegensatz zum Parallelfall des Art. 172 EWGV wird daher das eingeschränkte richterliche Prüfungsrecht der Art. 173 und 175 EWGV in Art. 215 Abs. 2 EWGV keine Rolle spielen dürfen. Dem Amtshaftungsrichter ist es infolgedessen nicht verwehrt, auch andere als die in Art. 173 Abs. 1 Satz 2 EWGV oder Art. 175 Abs. 1 EWGV genannten Fehler zu berücksichtigen.

Steht damit fest, daß die beschränkte Prüfungsbefugnis der Art. 173 und 175 EWGV auf die Amtshaftungsklage trotz der Herleitung des Amtsfehlers aus einem rechtswidrigen Akt bzw. der rechtswidrigen Unterlassung eines Aktes nicht erstreckt werden kann, so läßt sich für die Fälle der Abweisung von Nichtigkeits- bzw. Untätigkeitsklagen aus materiellrechtlichen Gründen zusammenfassend aussagen, daß lediglich die Rechtskraft des abweisenden Urteils auf die Begründetheit der Amtshaftungsklage Auswirkungen entfalten kann. Eine sonstige Abhängigkeit der Amtshaftungsklage besteht nicht.

§ 5 Die Unbegründetheit der Amtshaftungsklage infolge prozessualer Abweisung oder als Folge des Ausbleibens der Nichtigkeits- bzw. Untätigkeitsklage

Die bisherige Untersuchung hat eine weitgehende Unabhängigkeit der auf einen rechtswidrigen Akt bzw. die rechtswidrige Unterlassung eines Aktes gestützten Amtshaftungsklage vom Ergebnis der Nichtigkeits- bzw. Untätigkeitsklage aufgezeigt. Während negative Nichtigkeits- bzw. Untätigkeitsklagen auf die Zulässigkeit der Amtshaftungsklage — einerlei ob diese Klagen aus materiellrechtlichen oder prozeßrechtlichen Gründen abgewiesen werden oder aber ganz unterbleiben — überhaupt keine Auswirkungen besitzen, zeigte sich bei der Begründetheit der Amtshaftungsklage lediglich insofern eine Abhängigkeit, als sich u. U. Rechtskraftwirkungen ergeben. Sie stellen zugleich die alleinigen Auswirkungen von aus materiellrechtlichen Gründen abgewiesenen Nichtigkeits- bzw. Untätigkeitsklagen auf die Begründetheit der Amtshaftungsklage dar.

Soweit die Abweisung dieser Klagen aus prozeßrechtlichen Gründen erfolgt, ist bisher — beschränkt auf die Nichtigkeitsklage — nur soviel festgestellt worden, daß die daraus resultierende Bestandskraft des schadenstiftenden Aktes die Inzidentprüfung im Rahmen der Amtshaftungsklage nicht hindert und infolgedessen der Begründetheit der Klage nach Art. 215 Abs. 2 EWGV nicht im Wege steht[47].

Der Bereich möglicher Auswirkungen von aus prozessualen Gründen abgewiesenen Nichtigkeits- bzw. Untätigkeitsklagen ist damit jedoch nicht erschöpft. Es bleibt vielmehr die weitere Frage, ob sich speziell das Fehlen einzelner Prozeßvoraussetzungen der Nichtigkeits- bzw. Untätigkeitsklage auf die Amtshaftungsklage in der Weise auswirken kann, daß sie als unbegründet abzuweisen ist[48].

Nicht jede Prozeßvoraussetzung der Nichtigkeits- bzw. Untätigkeitsklage ist in diesem Zusammenhang von Interesse. So wird der Richter beispielsweise die Frage der Parteifähigkeit bei der Amtshaftungsklage nicht anders beurteilen als bei den beiden anderen Klagen, d. h. die Amtshaftungsklage wird bei Fehlen der Parteifähigkeit abgewiesen werden, ohne daß dies mit der Abweisung der Nichtigkeits- bzw. Untätigkeitsklage in einem Zusammenhang stünde.

Von Bedeutung sind mithin nur solche Prozeßvoraussetzungen der Nichtigkeits- und Untätigkeitsklage, die bei der Amtshaftungsklage nach Art. 215 Abs. 2 EWGV nicht vorkommen, d. h. die Klagefrist (Art. 173 Abs. 3 EWGV und Art. 175 Abs. 2 EWGV), das obligatorische Vorverfahren (Art. 175 Abs. 2 Satz 2 EWGV) und die Klagebefugnis (Art. 173 Abs. 2 EWGV und Art. 175 Abs. 3 EWGV).

Die obige Fragestellung ist also dahingehend einzuengen, daß geklärt werden muß, ob sich für den Fall einer auf einen rechtswidrigen Akt

---

[47] Vgl. unter Teil II, § 1, insbesondere Buchstabe D, wobei dort nicht danach zu unterscheiden war, ob die Nichtigkeitsklage aus prozessualen oder materiellrechtlichen Gründen abgewiesen wird. Die getroffenen Feststellungen gelten für beide Fälle gleichermaßen.

[48] Der *EuGH* ging dieser Frage weder im „Plaumannfall" noch im „Lüttickefall" nach, obwohl ihnen ein entsprechender Sachverhalt zugrundelag, vgl. Rspr. GH IX, 215 ff. und XVII, 325 ff.

oder die rechtswidrige Unterlassung eines Aktes gestützten Amtshaftungsklage das Fehlen der Klagebefugnis im Nichtigkeits- bzw. Untätigkeitsprozeß oder aber die Versäumung des dort erforderlichen Vorverfahrens bzw. der Klagefrist auf die Begründetheit der Amtshaftungsklage auswirken kann.

Im Falle der Bejahung hieße dies den Amtshaftungskläger zwingen, vor Erhebung der Amtshaftungsklage (rechtzeitig) das Vorverfahren nach Art. 175 Abs. 3 Satz 1 EWGV einzuleiten und innerhalb der (in den Artikeln 173 EWGV und 175 EWGV) vorgesehenen Fristen Nichtigkeits- bzw. Untätigkeitsklage zu erheben, wollte er nicht die Abweisung seiner Schadensersatzklage riskieren. Bei fehlender Klagebefugnis wäre ihm auch ohne sein Zutun die Möglichkeit des Schadensersatzes verwehrt.

Ehe jedoch die Antwort auf diese Frage gefunden werden kann, soll — zunächst von der Hypothese ausgehend, daß es eine Auswirkung der genannten Zulässigkeitsvoraussetzungen der Nichtigkeits- und Untätigkeitsklage auf die Amtshaftungsklage gibt — der mögliche Umfang der sich hieraus ergebenden Rechtsschutzbeschränkung näher umrissen werden. Dabei wird zu berücksichtigen sein, inwieweit die genannten Prozeßvoraussetzungen der Nichtigkeits- und Untätigkeitsklage bei der Amtshaftungsklage eine materiellrechtliche Entsprechung gefunden haben. Führen nämlich materiellrechtliche Merkmale in Art. 215 Abs. 2 EWGV zu einer gleichwertigen Beschränkung wie jene Prozeßvoraussetzungen, so entfällt insoweit die hier behandelte Problematik. Die Auswirkung der Nichtigkeits- bzw. Untätigkeitsklage wäre eine nur scheinbare.

A. Die Einkreisung des Problems

I. Die Klagefrist des Art. 173 Abs. 3 EWGV

Nach Art. 173 Abs. 3 EWGV muß der Kläger binnen zwei Monaten von der Bekanntgabe, der Mitteilung des Aktes bzw. einer sonstigen Kenntnisnahme an Klage erheben[49]; nach Ablauf dieses Zeitraums wird die Nichtigkeitsklage als unzulässig abgewiesen. Der Kläger einer Amtshaftungsklage ist im Gegensatz dazu an keine Klagefrist gebunden. Er hat lediglich die fünfjährige Verjährungsfrist des Art. 43 Abs. 1 Satzung EuGH EWG zu beachten, will er nicht Gefahr laufen, daß seine Schadensersatzklage unbegründet ist.

---

[49] Die Kürze dieser Frist ist verschiedentlich angegriffen worden, vgl. *Daig* AöR 83, 165; *Lagrange* KSE 1, 608; *Riese* EuR 1966, 39; *Ule*, Juristentag 1966, Bd. I, 22; *Steindorff*, Rechtsbescherming S. 52. Doch würde eine Verlängerung auf das aufzuzeigende Problem keinen Einfluß haben, da es sich auch dann noch um eine Frist von nur wenigen Monaten handeln würde.

Ist nun für den Sonderfall eines durch einen rechtswidrigen Akt verursachten Schadens die zuvorige Anfechtung des Aktes im Nichtigkeitsprozeß erforderlich, so kann sich der Kläger nicht fünf Jahre lang Zeit lassen, sondern muß innerhalb von zwei Monaten Klage, und zwar die Nichtigkeitsklage erheben.

Sofern der Schaden in diesen beiden ersten Monaten zutage tritt, wird ihm derartiges Vorgehen nicht schwerfallen; tritt der Schaden jedoch erst nach Ablauf der Zweimonatsfrist ein, so wird sich der Kläger anfangs zu keinem Handeln veranlaßt sehen, es sei denn rein vorsorglich zum Zwecke der Fristwahrung.

Häufig wird der Fall eintreten, daß der Kläger den Schaden zwar rechtzeitig kennt, ihm an einer Anfechtung aber nicht gelegen ist, weil es ihm allein auf den Ersatz seines Schadens ankommt, wozu ihm die inzidente Rechtswidrigkeitsprüfung des schadenstifenden Aktes genügen würde. Schon um das Risiko eines weiteren Prozesses zu vermeiden, wird er auf die Nichtigkeitsklage verzichten wollen, dies aber nicht tun können, ohne der Möglichkeit der Amtshaftungsklage verlustig zu gehen[50].

II. Das obligatorische Vorverfahren und die Klagefrist nach Art. 175 Abs. 2 EWGV

Ähnlich verhält es sich in den Fällen eines aus der Untätigkeit im Sinne von Art. 175 EWGV resultierenden Schadens. Der Kläger müßte als Folge der hier zugrunde gelegten Hypothese zunächst die Untätigkeitsklage durchführen, d. h. er müßte zum einen das nach Art. 175 Abs. 2 Satz 1 EWGV vorgesehene Vorverfahren in Gang setzen und dürfte zum anderen die Frist des Art. 175 Abs. 2 Satz 2 EWGV nicht versäumen[51]. Würde er diese Prozeßvoraussetzung ignorieren, so wäre seine Untätigkeitsklage unzulässig[52] und die Schadensersatzklage unbegründet, dies, obwohl Art. 215 Abs. 2 EWGV weder ein Vorverfahren nach Art des Art. 175 Abs. 2 Satz 1 EWGV noch eine Klagefrist kennt.

Das gleiche würde dann gelten, wenn der Kläger die Untätigkeitsklage aus den o. g. Gründen überhaupt unterließe. Die Freiheit, sich über die Prozeßvoraussetzungen des Vorverfahrens und der Klagefrist hinwegzusetzen, wäre ihm ebenso benommen wie die Freiheit, auf die Untätigkeitsklage ganz zu verzichten.

---

[50] Auf diese Bedenken haben insbesondere hingewiesen: *Mailänder*, Betrieb 1965, 1319; *Goffin* CMLR 1963/64, Bd. I, 357.

[51] Die Frist des Art. 175 Abs. 2 Satz 2 EWGV läuft nicht nur bei absoluter Untätigkeit des aufgeforderten Organs, sondern auch dann, wenn das Organ den Erlaß der Maßnahme ausdrücklich verweigert, vgl. *Wohlfarth*, Kommentar, Anm. 5 zu Art. 175 EWGV; *Quadri*, Anm. 8 zu Art. 175 EWGV.

[52] Dazu, daß die Durchführung des Vorverfahrens Prozeßvoraussetzung ist, vgl. *Wohlfarth*, Kommentar, Anm. 3 zu Art. 175 EWGV; *Ehle* Kommentar, Tz. 3 zu Art. 175 EWGV. Anderer Ansicht: *Ule*, Gerichtsschutz S. 1205.

III. Die Klagebefugnis

1. Art. 173 Abs. 2 EWGV

a) Die Hypothese von der Beschränkungswirkung auf den Rechtsschutz nach Art. 215 Abs. 2 EWGV

Bei der Prozeßvoraussetzung der Klagebefugnis zeigt sich die zu untersuchende Problematik noch deutlicher. Nach Art. 173 Abs. 2 EWGV können einzelne Personen nur einen einzigen der in Art. 189 EWGV genannten Akte anfechten, nämlich die Entscheidung. Verordnungen, Richtlinien, Empfehlungen und Stellungnahmen dagegen unterliegen keiner Anfechtung, d. h. die der Schadensersatzklage vorangehende Aufhebung durch einzelne ist gesetzlich ausgeschlossen. Aber selbst Entscheidungen sind grundsätzlich nur dann anfechtbar, wenn sie an den Kläger ergingen, d. h. er selbst der Adressat ist. Wurde die Entscheidung an einen Dritten — eine andere Privatperson oder aber einen Mitgliedstaat[53] — gerichtet, so hängt das Recht der Anfechtung davon ab, ob der Kläger in besonderer Weise durch sie betroffen ist, nämlich „unmittelbar" und „individuell".

Allein der so eingegrenzte Personenkreis — Adressaten oder unmittelbar und individuell betroffene Nichtadressaten einer Entscheidung — kann — die Richtigkeit der These von einer Auswirkung der fehlenden Klagebefugnis auf die Begründetheit der Amtshaftungsklage vorausgesetzt — eine Schadensersatzklage nach Art. 215 Abs. 2 EWGV mit Erfolg erheben, alle anderswie geschädigten Personen dagegen nicht. Dabei ist von zusätzlicher Bedeutung, daß der Europäische Gerichtshof die Begriffe „unmittelbar" und „individuell" in ständiger Rechtsprechung — wenn auch jeweils in Fällen von Mitgliedstaatenentscheidungen[54] — sehr restriktiv ausgelegt hat, obwohl beide Merkmale von zahlreichen Autoren als zu eng angesehen wurden[55], ja sogar ihre völlige Ab-

---

[53] Daß auch Mitgliedsstaaten andere Personen im Sinne von Art. 173 Abs. 2 EWGV sind, hat der *Europäische Gerichtshof* ausdrücklich klargestellt, vgl. Rspr. GH IX, 237.

[54] Bebr ist im Gegensatz zu *Catalano* SEW 1965, 553 der Ansicht, daß der Gerichtshof bei an Privatpersonen gerichteten Entscheidungen wahrscheinlich andere Kriterien heranziehen werde, als er dies in seiner bisherigen Rechtsprechung zu den Mitgliedsstaatenentscheidungen getan hat, vgl. *Bebr* DrCommEur Nr. 883. Die durch das Merkmal „individuell" gekennzeichnete Einschränkung der Klagebefugnis in Art. 173 Abs. 2 EWGV wird dadurch ihren Charakter jedoch kaum einbüßen. Mit Recht behauptet *Ehle*, daß das individuelle Betroffensein in diesen Fällen meist vorliegen wird, NJW 1963, 48.

[55] Vgl. *Ehle* AWD 1963, 157; *ders.* WRP 1964, 156 f.; *ders.* Kommentar, Tz. 50 zu Art. 173 EWGV; *Zweigert* KSE 1, 596; *Riese*, Festschrift Hallstein S. 426; *ders.* EuR 1966, 45 f.; *Strauß*, S. 213 f.; *Roemer* Rspr. GH X, 47; *Mailänder*, Betrieb 1965, 1316; *Rasquin - Chevalier* RTDE 1966, 46; *Constantinesco*, Schriftenreihe S. 30. Vgl. auch *Ule*, Gerichtsschutz S. 1199 f.

schaffung vorgeschlagen worden ist[56]. Je enger aber die Klagebefugnis bei der Nichtigkeitsklage des Art. 173 EWGV definiert wird, um so größer muß die Beschränkung bei der Amtshaftungsklage ausfallen, sofern ihr Erfolg vom Vorliegen der Klagebefugnis der Nichtigkeitsklage abhängig gemacht wird[57].

b) Die Korrektur der Hypothese angesichts der eigenen Beschränkungsmerkmale des Art. 215 Abs. 2 EWGV

Die dem Amtshaftungskläger zugemutete Rechtsschutzbeschränkung kommt allerdings — wie oben angedeutet wurde — nur insoweit tatsächlich zur Auswirkung, als Art. 215 Abs. 2 EWGV nicht seinerseits materiellrechtliche Voraussetzungen enthält, die geeignet sind, gleichwertige Einschränkungen herbeizuführen.

Zur genaueren Darlegung wird daher Art. 215 Abs. 2 EWGV in bezug auf die einzelnen Fallgestaltungen bei Art. 173 Abs. 2 EWGV einer näheren Betrachtung unterzogen werden müssen, wobei folgende Fälle zu unterscheiden sein werden:

Das Fehlen der Klagebefugnis, weil der Kläger

— bei einer Entscheidung nicht individuell
— nicht unmittelbar betroffen
— oder durch eine Verordnung
— eine Richtlinie
— oder eine Empfehlung oder eine Stellungnahme

betroffen ist.

aa) Das Merkmal des individuellen Betroffenseins nach Art. 173 Abs. 2 EWGV

α) *Die richterliche Auslegung des Begriffs der Individualität*

Das Merkmal des individuellen Betroffenseins nach Art. 173 Abs. 2 EWGV — erste Voraussetzung der Klagebefugnis eines Nichtadressaten der angegriffenen Entscheidung — liegt nach der Rechtsprechung des Europäischen Gerichtshofs vor, wenn der Kläger nicht lediglich als Angehöriger einer unbestimmten Kategorie oder Gruppe (Berufs-, Verbands- oder Erzeugergruppe), sondern als einzelner betroffen ist, wobei einzelner nicht notwendigerweise als Einziger bedeutet, sondern in

---

[56] Vgl. *Daig*, Festschrift Riese S. 208 ff.; *Lagrange* KSE 1, 610; *Riese* EuR 1966, 46; *Matthies*, Juristentag 1966, Bd. II, G 60 und 93; *Ule*, Juristentag 1966, Bd. I, 19 f.; *Fuß* JuS 1967, 555, Fußnote 36.

[57] Im selben Sinne *Börner*, Juristentag 1966, Bd. II, G 17 f. und 27; *Mailänder*, Betrieb 1965, 1319.

anderer Weise betroffen sein als andere[58]. Die Maßnahme muß ihn also wegen bestimmter persönlicher Eigenschaften oder besonderer, ihn aus dem Kreise aller übrigen Personen heraushebender Umstände berühren und ihn daher in ähnlicher Weise individualisieren wie den Adressaten selbst[59].

β) Der Vergleich zum Schadensbegriff in Art. 215 Abs. 2 EWGV

Das so definierte Merkmal des individuellen Betroffenseins könnte in Art. 215 Abs. 2 EWGV ein materiellrechtliches Pendant im Begriff des „Schadens" besitzen, vorausgesetzt, daß man der bisweilen vertretenen These folgt, wonach bei der Amtshaftungsklage nicht lediglich das Vorliegen irgendeines Schadens genügt, sondern ein „besonderer Schaden" erforderlich ist[60].

Dieser in Art. 34 Abs. 1 Satz 3 EGKSV verwendete, dem französischen Recht entstammende Begriff[61] bedeutet — wie oben dargelegt wurde[62] —, daß Schadensersatz immer dann zu verweigern ist, wenn der Schaden alle Staatsbürger — bei den Fällen des Art. 34 EGKSV alle Unternehmen oder Unternehmensgruppen — gleichermaßen trifft, so daß von einer Verlustgemeinschaft gesprochen werden kann[63]. Der Schadensersatz wird verweigert, so lange es sich bei dem erlittenen Schaden um eine bloße „gêne comune" handelt[64].

Die Parallelen zur Rechtsprechung des Europäischen Gerichtshofs zum Begriff des individuellen Betroffenseins in Art. 173 Abs. 2 EWGV sind deutlich. Hier wie dort ist von Bedeutung, daß der Kläger im Gegensatz zu anderen vergleichbaren Personen eine Stellung einnimmt, die ihn als stärker betroffen erscheinen läßt als jene.

Gegen die Auffassung, wonach Schaden im Sinne von Art. 215 Abs. 2 EWGV ein besonderer Schaden sein müsse, spricht jedoch der Wortlaut des Art. 215 Abs. 2 EWGV, indem er das Attribut der Besonderheit nicht

---

[58] Vgl. *EuGH* Rspr. GH VIII, 1021. So auch *Daig* AöR 83, 172; *Wohlfarth*, Kommentar, Anm. 4 zu Art. 173 EWGV; *Quadri*, Anm. 1 zu Art. 173 EWGV; *Groeben - Boeckh*, Kommentar, Anm. 11 zu Art. 173 EWGV; *Ehle*, Kommentar, Tz. 26 zu Art. 173 EWGV.

[59] Vgl. *EuGH* Rspr. GH IX, 238; X, 895; XI, 285; XI, 311; XI, 556: XVII, 897. Zustimmend: *Roemer* Rspr. GH IX, 256; *ders.* Rspr. GH XI, 592 und 562; *Gand* Rspr. GH XI, 291 f.

[60] Der Begriff entstammt dem französischen Recht, vgl. *Rivero*, Nr. 280; *Waline*, Nr. 1436; *Vedel*, S. 349.

[61] Vgl. *Schlochauer* AVR 3, 410; *Much*, Amtshaftung S. 49 ff. und 64.

[62] Vgl. dazu unter Teil I, § 2 B, II 2.

[63] Vgl. *Much*, Amtshaftung S. 50.

[64] Vgl. *Schlochauer* AVR 3, 410; *Much*, Amtshaftung S. 50.

erwähnt. Das qualifizierende Merkmal müßte infolgedessen, sollte es in der Amtshaftungsklage von Bedeutung sein, auf Grund eines den Rechtsordnungen der Mitgliedstaaten gemeinsamen allgemeinen Rechtsgrundsatzes zur Voraussetzung des Schadensersatzes gemacht werden können.

Angesichts der Tatsache aber, daß außer Frankreich kein Mitgliedstaat die Amtshaftung vom Vorliegen eines besonderen Schadens abhängig macht[65], kann von einem allgemeinen Rechtsgrundsatz diesen Inhalts nicht gesprochen werden[66]; selbst für Frankreich gilt die Einschränkung, daß ein besonderer Schaden nur dann Voraussetzung ist, wenn es an einem Verschulden im Sinne der französischen Rechtsprechung, d. h. an einer „faute de service" fehlt[67]. Das Vorliegen eines besonderen Schadens ist daher für die Klage nach Art. 215 Abs. 2 EWGV mit Recht nicht zur Voraussetzung erhoben worden[68].

Dem entspricht es, wenn schon im Recht der Montanunion — wie oben gezeigt wurde[69] — die Frage verneint worden ist, ob nicht das dort in Art. 34 Abs. 1 Satz 3 EGKSV enthaltene Merkmal des besonderen Schadens auf die allgemeine Haftungsnorm des Art. 40 Abs. 1 EGKSV zu übertragen sei[70]. Die Ablehnung ist unter dem Hinweis auf die Sonderstellung des Art. 34 EGKSV geschehen, dessen spezielles Ziel die Einschränkung der Gemeinschaftshaftung sei[71], während Art. 40 EGKSV eine allgemeine und weitgefaßte Haftungsnorm darstelle, die nicht lediglich Sonderopfer ausgleichen, sondern Schadensersatz für jede rechtswidrige Verletzung von rechtlich geschützten Interessen gewähren solle[72].

Für Art. 215 Abs. 2 EWGV, dem EWG-rechtlichen Gegenstück zu Art. 40 Abs. 1 EGKSV, konnte daher nichts anderes gelten, womit festzuhalten wäre, daß Art. 215 Abs. 2 EWGV in seinem Schadensbegriff kein Merkmal besitzt, das geeignet wäre, die durch eine Auswirkung des

---

[65] Vgl. *Lagrange* Rspr. GH VII, 380 f.; *Roemer* Rspr. GH VII, 516; *Much*, Staatshaftung S. 740, insbes. Fußnote 39; *Goffin* JT 1962, 692; *ders.* DrCommEur Nr. 443.

[66] Vgl. unter Teil I, § 2 B, II 2.

[67] Vgl. *Vedel*, S. 349; *Waline*, Nr. 1436; *Much*, Staatshaftung S. 740; *Lagrange* Rspr. GH VII, 381.

[68] *Ehle*, Kommentar, Tz. 59 zu Art. 215 EWGV; *Lagrange* Rspr. GH VII, 381.

[69] Vgl. dazu unter Teil I, § 2 B, II 2.

[70] Vgl. *Daig*, Actes officiels, Bd. IV, 65; *Lagrange* Rspr. GH VII, 380 ff.; *ders.* CMLR 1965/66, Bd. III, 30; *de Vergottini* RTDP 1963, 102; *Fuß* EuR 1968, 367; *Goffin* DrCommEur Nr. 443.

[71] Vgl. *Schlochauer* AVR 3, 409 f.; *ders.* Rechtsschutz S. 35; *Much*, Amtshaftung S. 53; *Knöpfle* NJW 1961, 2289.

[72] Vgl. die Darlegung von *Fuß* über die Rechtssprechung des Gerichtshofs zu Art. 40 EGKSV, EuR 1968, 359 und 367.

Erfordernisses des individuellen Betroffenseins hervorgerufene Rechtsschutzbeschränkung vorwegzunehmen[73]. Die Beschränkung des Schadensersatzanspruches folgt vielmehr allein aus der Klagebefugnis des Art. 173 Abs. 2 EWGV.

γ) Die Folgen der Verschiedenheit beider Begriffe

Wie besonders einschränkend sich dabei das Merkmal des individuellen Betroffenseins auswirkt, wird deutlich, wenn man die Klagebefugnis des Art. 173 Abs. 2 EWGV mit derjenigen der nationalen sowie der montanrechtlichen Nichtigkeits- bzw. Anfechtungsklagen vergleicht. Nach dem Recht der Mitgliedstaaten genügt zur Bejahung der Klagebefugnis die Feststellung, daß der Kläger in einem rechtlich geschützten Interesse betroffen ist[74]; das zusätzliche Merkmal „individuell" taucht nicht auf. Ebensowenig spielt es beim Parallelfall im Montanrecht eine Rolle. Zwar spricht Art. 33 Abs. 2 EGKSV von „individuell betreffenden Entscheidungen", doch dient diese Formulierung der Abgrenzung zur allgemeinen Entscheidung, ohne mit der Art des Betroffenseins in Verbindung zu stehen[75]. Auch für Art. 33 EGKSV reicht also die Beeinträchtigung eines rechtlich geschützten Interesses aus[76].

---

[73] Auch das für Art. 215 Abs. 2 EWGV bisweilen aufgestellte Erfordernis, es müsse die Verletzung einer zugunsten des Klägers bestehenden Schutznorm vorliegen, kommt in diesem Zusammenhang nicht in Betracht, da es in eine andere Richtung zielt als das Erfordernis des individuellen Betroffenseins. In diesem Sinne auch der *EuGH*, Rspr. GH XIII, 355 und *Fuß* EuR 1968, 360.

[74] *Belgien:* Nach Art. 11 Gesetz vom 23. 12. 1946 muß der Kläger ein „intérêt" oder eine „lésion" geltendmachen, vgl. *Mast*, Nr. 523; *Velu*, Gerichtsschutz S. 84; *Cambier*, Droit administratif S. 530 f. *Bundesrepublik Deutschland:* Als Recht im Sinne von § 42 Abs. 2 VwGO genügt ein „rechtlich geschütztes Interesse", vgl. *BVG* in BVerwGE 6, 169; *Bernhardt* JZ 1963, 307; *Eyermann - Fröhler*, Anm. 96 ff. zu § 42 VwGO; *Vogel*, Gerichtsschutz, S. 157. *Dänemark:* Es genügt ein „rechtliches Interesse", vgl. *Christensen*, Gerichtsschutz S. 118. *Frankreich:* Es genügt die Verletzung eines „intérêt", vgl. *Fromont*, Gerichtsschutz S. 249 bis 252; *ders.* Rechtsschutz 149 f.; *Lücking*, S. 67 und 76 ff.; *Maleville*, Anm. 47. *Großbritannien:* Die britische Rechtslage ist durch spezielle Merkmale gekennzeichnet. Insgesamt erweist sie sich jedoch als nicht restriktiver als diejenige in den übrigen Mitgliedsstaaten, vgl. *Bradley*, Gerichtsschutz S. 351 f. *Irland:* Alle „Interessen" oder „Rechte" berechtigen zur Klageerhebung, vgl. *Kelly*, Gerichtsschutz S. 431 f. *Italien:* Es genügt die Verletzung eines „interesse legittimo", vgl. Art. 113 Verfassung sowie Art. 26 Regio decreto vom 26. 8. 1924 Nr. 1054. Vgl. außerdem *Sandulli*, S. 661 ff.; *Bachelet*, Gerichtsschutz S. 496. *Luxemburg:* Es genügt die Verletzung eines „intérêt" légitime", vgl. *Welter*, Gerichtsschutz S. 702; *Bonn*, S. 135. *Niederlande:* Es genügt, daß der Kläger „in zijn belange is getroffen", vgl. Art. 5 Abs. 1 BAB. Vgl. weiterhin *Langemeijer*, Gerichtsschutz S. 805.

Vgl. zur Klagebefugnis in den Rechtsordnungen der Mitgliedsstaaten auch *Lagrange* KSE 1, 608; *Bleckmann*, Gerichtsschutz S. 21 ff.

[75] Vgl. *EuGH* Rspr. GH II, 57 und 87; *Lagrange* Rspr. GH VII, 73 f.; *Fuß* JuS 1967, 555; *Danner*, S. 82 und 112.

[76] Vgl. *Fuß* JuS 1967, 555; *Danner*, S. 82; *Bebr* DrCommEur Nr. 876.

Unterliegt damit die Klagebefugnis des Art. 173 Abs. 2 EWGV auf Grund des Merkmals des individuellen Betroffenseins weit engerer Auslegung als ihre national- oder montanrechtlichen Vorbilder[77], so ergibt sich bei Bejahung einer Auswirkung auf die Begründetheit der Amtshaftungsklage folgendes Paradoxon: Art. 215 Abs. 2 EWGV, welcher ausdrücklich auf die nationalen Rechtsordnungen der Mitgliedstaaten verweist, so daß über deren gemeinsame Rechtsgrundsätze weder im Positiven noch im Negativen hinausgegangen werden darf, erfährt im Umwege über die Bindung an Art. 173 Abs. 2 EWGV eine Einschränkung, wie sie nicht einmal die nationalen Rechtsordnungen herbeigeführt hätten.

bb) Das Merkmal des unmittelbaren Betroffenseins nach Art. 173 Abs. 2 EWGV

Das Merkmal der Unmittelbarkeit im Sinne von Art. 173 Abs. 2 EWGV — zweite Voraussetzung der Klagebefugnis eines Nichtadressaten einer Entscheidung — könnte in der Vorschrift des Art. 215 Abs. 2 EWGV insofern ein materiellrechtliches Pendant besitzen, als dort der Schaden ebenso wie bei Art. 40 Abs. 1 EGKSV ein „unmittelbarer" sein muß[78], mit der Folge, daß die oben angenommene Rechtsschutzbeschränkung praktisch ohne Wirkung bliebe. Beide Begriffe von Unmittelbarkeit werden daher im folgenden zu definieren sein, wobei für die Behandlung bei der Klagebefugnis danach unterschieden werden soll, ob die angegriffene Entscheidung lediglich an eine andere Privatperson oder an einen Mitgliedstaat ergangen war.

α) *Der Begriff der Unmittelbarkeit bei an Privatpersonen gerichteten Entscheidungen*

Erfolgte die Adressierung an eine mit dem Kläger nicht identische Privatperson, so wird die Bejahung der Unmittelbarkeit des Betroffenseins davon abhängig gemacht, ob der Kläger besonders intensiv, nach anderer Ansicht gegenwärtig betroffen ist[79]. Für Art. 215 Abs. 2 EWGV kann dieser Streit jedoch auf sich beruhen, da der Schadensbegriff der Amtshaftungsklage sowohl das eine als auch das andere Merkmal vor-

---

[77] Bzgl. der Rechtsordnungen der Mitgliedsstaaten vgl. *Lagrange* Rspr. GH VIII, 995; *ders.* KSE 1, 608; *Tizzano,* S. 400. Bzgl. des Rechts der Montanunion vgl. *EuGH* Rspr. GH VIII, 978 und 1019; *Börner,* Juristentag 1966, Bd. II, 24 f.; *Weidinger,* S. 28; *Daig,* Festschrift Riese S. 208 f.; *Neri* RMC 1967, 456; *Bebr* DrCommEur Nr. 883.

Catalano nimmt zu Unrecht an, bei Art. 173 Abs. 2 EWGV handele es sich lediglich um eine genauere Formulierung als im Recht der Montanunion, vgl. SEW 1965, 551.

[78] Vgl. *Much,* Staatshaftung S. 737 f.

[79] *Ehle,* Kommentar, Tz. 30 zu Art. 173 EWGV; desgleichen *Weidinger,* S. 104.

aussetzt[80], d. h. in jedem Falle eine der Klagebefugnis des Art. 173 Abs. 2 EWGV gleichwertige Einschränkung aufweist.

Enthält aber Art. 215 Abs. 2 EWGV selbst eine dem Erfordernis der Unmittelbarkeit im Sinne von Art. 173 EWGV entsprechende Beschränkung, so kann sich die enge Klagebefugnis des Art. 173 Abs. 2 EWGV insofern auf den Rechtsschutz nach Art. 215 Abs. 2 EWGV nicht auswirken; die zu behandelnde Problematik tritt nicht in Erscheinung.

β) Der Begriff der Unmittelbarkeit bei Mitgliedstaatenentscheidungen

Ungleich schwieriger gestaltet sich hingegen der Fall, in welchem es zur Anfechtung einer an Mitgliedstaaten gerichteten Entscheidung kommt. Der Begriff der Unmittelbarkeit ist hier bei der Anwendung von Art. 173 EWGV kontrovers, wobei den Ausgangspunkt des Meinungsstreites der Umstand bildet, daß Mitgliedstaatenentscheidungen zu einer nur stufenweisen Einflußnahme von Rat und Kommission auf den Verwaltungsunterworfenen der Gemeinschaft führen[81], indem der Adressat der Entscheidung seinerseits einen weiteren Akt erläßt. Wird aber der einzelne nach Erlaß einer Mitgliedstaatenentscheidung in erster Linie durch den innerstaatlichen Akt, d. h. den Verwaltungsakt der nationalen Behörde betroffen, so liegt es nahe, die Unmittelbarkeit bei Mitgliedstaatenentscheidungen schlechthin zu verneinen und ausnahmsweise nur dann zu bejahen, wenn die an den Mitgliedstaat gerichtete Entscheidung zu ihrer Verwirklichung keiner Vollziehung durch innerstaatliche Organe bedarf[82].

Diese formelle Betrachtungsweise läßt jedoch unberücksichtigt, daß auch eine vollzugsbedürftige oder vollzugsfähige Mitgliedstaatenentscheidung so geartet sein kann, daß das den einzelnen betreffende Endergebnis schon mit Erlaß der Mitgliedstaatenentscheidung vorausberechenbar ist[83]. Die herrschende Meinung definiert daher das Erfordernis der Unmittelbarkeit zu Recht weniger streng und stellt, indem sie die durch die Mitgliedstaatenentscheidung konkret zum Ausdruck kommende Beschwer als entscheidend ansieht, auf eine materielle Betrachtungsweise ab[84].

---

[80] Für das besonders intensive Betroffensein folgt dies aus dem Begriff „Schaden"; für das gegenwärtige Betroffensein vgl. *Ehle*, Kommentar, Tz. 58 zu Art. 215 EWGV; *Much*, Staatshaftung S. 739 f.; *Goffin* DrCommEur Nr. 475.

[81] Dies ist ein Ausfluß des föderativen Prinzips in der Gemeinschaft, vgl. *Roemer* Rspr. GH IX, 254; *ders.* Rspr. GH XI, 585; *Daig*, Festschrift Riese, S. 204; *Börner*, Juristentag 1966, Bd. II, G 13 ff.

[82] So *Quadri*, Anm. 2 zu Art. 173 EWGV; *Wohlfarth*, Kommentar, Anm. 4 zu Art. 173 EWGV; *Tizzano*, S. 403. Im Ergebnis auch *Danner*, S. 100 ff.

[83] Vgl. *Daig*, Festschrift Riese S. 205.

Danach fehlt die Unmittelbarkeit nur in jenen Fällen, in welchen der Mitgliedstaat noch soviel Freiheit besitzt, daß ihm ein eigener Ermessensspielraum bleibt. Positiv ausgedrückt bedeutet dies, daß eine Mitgliedstaatenentscheidung den Kläger unmittelbar betrifft, wenn schon durch sie allein eine sicher vorausberechenbare Beschwer des Klägers eintritt[85]. Die vom Mitgliedstaat zu treffende Maßnahme stellt dann nur noch eine Vollzugsmaßnahme dar[86].

γ) Der Vergleich zum Schadensbegriff in Art. 215 Abs. 2 EWGV

Im Gegensatz zum Unmittelbarkeitsbegriff des Art. 173 Abs. 2 EWGV besitzt der Begriff der Unmittelbarkeit in Art. 215 Abs. 2 EWGV — wie bei früherer Gelegenheit dargelegt worden ist[87] — die Funktion, eine Aussage über den Kausalzusammenhang zu treffen. Der Schaden muß mit deutschrechtlichem Terminus gesprochen adäquat kausal verursacht sein. Mittelbar ist danach ein Schaden nicht schon bei jeder sekundären und ferneren Folge, sondern erst dann, wenn er durch das Dazwischentreten eines Zweitereignisses nach den Gesetzen logischer Vorhersehbarkeit nicht mehr auf die ursprüngliche Kausalreihe zurückgeführt werden kann[88].

Meint Unmittelbarkeit bei der Amtshaftungsklage aber adäquate Verursachung, so liegt darin gegenüber dem äußerlich gleichen Begriff in Art. 173 Abs. 2 EWGV insofern eine Erweiterung, als adäquate Verursachung auch dann noch bejaht werden kann, wenn einem Mitgliedsstaat durch die Mitgliedsstaatenentscheidung die Möglichkeit der Aus-

---

[84] Vgl. *Daig,* Festschrift Riese S. 205 ff.; *Ehle,* Kommentar, Tz. 31 f. zu Art. 173 EWGV.

[85] Vgl. die Versuche einer Differenzierung bei *Daig,* Festschrift Riese S. 206 ff. und *Ehle,* Kommentar, Tz. 32 zu Art. 173 EWGV. Der *Gerichtshof* stellt auf den konstitutiven Charakter der in der Mitgliedsstaatenentscheidung ausgesprochenen Genehmigung ab, Rspr. GH XI, 547 ff. Zustimmend *Börner,* Juristentag 1966, Bd. II, G 20 ff. Die Kritik hieran ist daher nicht in bezug auf die Unmittelbarkeit schlechthin sondern bzgl. der Frage erfolgt, ob diese konstitutive Wirkung tatsächlich vorlag, vgl. *Fuß* JuS 1967, 558; *Bebr* DrCommEur Nr. 882; *Ipsen* EuR 1966, 62.

[86] Vgl. *Roemer* Rspr. GH IX, 255; *ders.* Rspr. GH X, 906 f.; *Daig* AöR 83, 172; *ders.* Festschrift Riese S. 206; *Wenner* AWD 1961, 66; *ders.* AWD 1962, 347; *Bülow* AWD 1963, 245; *Ehle,* Kommentar, Tz. 31 f. zu Art. 173 EWGV; *Neri,* Protection S. 47; *Mailänder,* Betrieb 1965, 1316. Vgl. auch *Roemer* Rspr. GH XI, 563 f. und 584 f.; *Gand* Rspr. GH XI, 290; *Ipsen* EuR 1966, 58 ff.; *Fuß* JuS 1967, 558; *Thierfelder,* S. 138 ff., insbes. 144 ff.; *Bebr* DrCommEur Nr. 882.

[87] Vgl. unter Teil I, § 2 B, II 1.

[88] *Waline,* Nr. 1480; *Much,* Amtshaftung S. 48 und 64; *ders.* Staatshaftung S. 738; *Daig,* Actes officiels, Bd. IV, 53; *Constantinesco,* Actes officiels, Bd. IV, 352. Vgl. für Art. 215 Abs. 2 EWGV *Much,* Staatshaftung S. 737 ff.; *Ehle,* Kommentar, Tz. 54 zu Art. 215 EWGV; *Fuß* EuR 1968, 363 ff. mit kritischer Anmerkung zur Bezeichnung „unmittelbar"; *Bebr* DrCommEur Nr. 477; *Dutheillet de Lamothe* Rspr. GH XVII, 347 f.

übung von Ermessen eingeräumt wird. Unmittelbarkeit im Sinne von Art. 173 Abs. 2 EWGV hingegen wäre für diesen Fall zu verneinen[89].

Erweist sich damit der Unmittelbarkeitsbegriff des Art. 173 Abs. 2 EWGV als der engere, so kann an dieser Stelle festgehalten werden, daß das Erfordernis der Unmittelbarkeit der Klagebefugnis nach Art. 173 Abs. 2 EWGV für den Fall des Angriffs gegen eine rechtswidrige Mitgliedsstaatenentscheidung in der Vorschrift des Art. 215 Abs. 2 EWGV kein materiellrechtliches Pendant gefunden hat. Die oben getroffene Aussage über die einschränkende Auswirkung der Klagebefugnis des Art. 173 Abs. 2 EWGV auf die Amtshaftungsklage wird insoweit bestätigt.

cc) Die fehlende Klagebefugnis bei Verordnungen

Während der durch eine an einen Dritten gerichtete Entscheidung betroffene Nichtigkeitskläger nur insoweit beschränkt ist, als er unmittelbar und individuell betroffen sein muß, fehlt dem durch eine Verordnung im Sinne von Art. 189 Abs. 2 EWGV Betroffenen, abgesehen vom Fall einer als Verordnung getarnten Entscheidung, die Klagebefugnis völlig. Der Wortlaut des Art. 173 Abs. 2 EWGV scheint hier eine eindeutige Sprache zu sprechen, die eine Ausnahme nicht zuläßt[90].

α) *Die Versuche, die Klagebefugnis auf Veordnungen auszudehnen*

Dennoch ist gerade diese Regelung immer wieder mit dem Ziel angegriffen worden, die Nichtigkeitsklage zumindest in bestimmten Ausnahmefällen auch dem einzelnen zu eröffnen. Als Begründung dienten dabei verschiedene Argumente. So sei der durch eine Verordnung Betroffene im Vergleich zu dem durch eine allgemeine Entscheidung im Sinne des Montanvertrages Betroffenen schlechter gestellt, weil letzterer nach Art. 33 Abs. 2 EGKSV wenigstens mit dem Vortrag klagen könne, die allgemeine Entscheidung stelle ihm gegenüber einen Ermessensmißbrauch dar[91]. Abgesehen davon sei es rechtsstaatlich bedenklich, wenn eine allgemein und unmittelbar geltende Norm (Art. 189 Abs. 2 Satz 1 und 2 EWGV) vom einzelnen nicht der richterlichen Kontrolle unterworfen werden könne, obgleich Verordnungen nicht im Wege eines parlamentarischen Kräftespiels zustandekämen, sondern von Exekutivorganen erlassen würden[92].

---

[89] Vgl. *Roemer* Rspr. GH X, 906; *ders.* Rspr. GH XI, 585.

[90] Vgl. Zum Wortlaut und seiner Beziehung zu Art. 189 EWGV und Art. 184 EWGV auch *Daig*, Festschrift Riese S. 194 f.

[91] Vgl. *Riese* EuR 1966, 42 f. unter Hinweis auf die Rechtsprechung des *EuGH* in Rspr. GH VIII, 978 und VIII, 1019; *ders.* Festschrift Hallstein S. 418; *Ule*, Juristentag 1966, Bd. I, 56.

[92] Vgl. *Ehle* WRP 1964, 156; *Geisseler* KSE 1, 601; *Lagrange* KSE 1, 610; *Riese* EuR 1966, 43; *ders.* Festschrift Hallstein S. 422; *Steindorff*, Rechtsschutz S. 56 f.; *Deringer*, Juristentag 1966, Bd. II, G 101.

Konnte das erste dieser Argumente noch verhältnismäßig leicht mit dem Hinweis auf den zahlenmäßigen Unterschied zwischen den Gewaltunterworfenen des Montanvertrages und denen des EWG-Vertrages bekämpft werden[93] und begegnete das zweite schon allein deshalb Bedenken, weil der Rechtsstaatsgedanke nationales und nicht notwendigerweise gemeinschaftsrechtliches Gedankengut darstellt[94], so fallen jedoch zwei weitere Argumente schwerer ins Gewicht.

So hat Daig dargelegt, daß die Vertragspartner zu Unrecht davon ausgegangen seien, durch die beiden Möglichkeiten der Inzidentprüfung in Art. 177 und Art. 184 EWGV die als Folge des Ausschlusses der Anfechtbarkeit von Verordnungen entstandene Rechtsschutzlücke ganz und gar geschlossen zu haben[95]. Da, wo dieses scheinbar fugenlose System Lücken lasse, sei daher eine Ausnahme von Art. 173 Abs. 2 EWGV angebracht[96]. Andere haben über diese Argumentation hinausgehend das inzidente Nachprüfungssystem der Art. 177 und 184 EWGV als in sich schon unzureichendes Rechtsschutzsystem bezeichnet. Es ersetze den in Art. 173 Abs. 2 EWGV fehlenden Rechtsschutz nur teilweise[97].

Diese Kritik wird durch das zweite Argument ergänzt, wonach sich dem EWG-Vertrag schlechthin entnehmen lasse, das in Art. 173 Abs. 2 EWGV zum Ausdruck gebrachte Prinzip der Rechtssicherheit[98] müsse dem Prinzip des Rechtsschutzes als dem höherangigen weichen[99].

β) Die Ablehnung dieser Versuche

Alle diese Erwägungen sind jedoch letztlich nicht geeignet, die sich aus dem unmißverständlichen Wortlaut des Art. 173 Abs. 2 EWGV ergebende Beschränkung de lege lata zu lockern. Der Europäische Gerichtshof hat diesem Umstand in seiner Rechtsprechung eindeutig Rech-

---

[93] Vgl. *Bebr* DrCommEur Nr. 887.

[94] Nach *Riese* liegt der Rechtsschutz nach Art. 173 Abs. 2 EWGV nicht unter dem rechtsstaatlich zu fordernden Minimum, vgl. Festschrift Hallstein S. 420.

[95] Vgl. *Daig,* Festschrift Riese S. 195 ff.; desgleichen *Ehle,* Kommentar, Tz. 35 zu Art. 173 EWGV.

[96] Vgl. *Daig,* Festschrift Riese S. 196 ff.

[97] Vgl. *Lagrange* Rspr. GH VIII, 995; *ders.* KSE 1, 609; *Mailänder,* Betrieb 1965, 1318; *Riese* EuR 1966, 43 und 46 ff.; *ders.* Festschrift Hallstein S. 419; *Ehle,* Kommentar, Tz. 49 zu Art. 173 EWGV; *Ule,* Juristentag 1966, Bd. I, 60; *Fuß* DVBl. 1968, 466; *Constantinesco,* Schriftenreihe S. 49.

[98] Vgl. *Daig,* Festschrift Riese S. 195; *Bandilla,* S. 43; *Catalano* SEW 1965, 543; *Riese,* Festschrift Hallstein S. 420; *Krawielicki,* S. 516; *Glaesner* EuR 1969, 153.

[99] Vgl. *Riese,* Festschrift Hallstein S. 422; ähnlich *Ehle,* Kommentar, Tz. 49 zu Art. 173 EWGV; *Ule,* Juristentag 1966, Bd. I, 57 f. *Mathijsen* weist darauf hin, daß der Gerichtshof nicht die gesamte Verordnung aufheben muß, sondern nach Art. 174 Abs. 2 EWGV die Wirkungen der Aufhebung beschränken kann, vgl. Fusion S. 108.

nung getragen[100], wenn auch mit der Einschränkung, daß eine im ganzen als Verordnung anzusehende Maßnahme Bestimmungen enthalten könne, die dergestalt an bestimmte Personen gerichtet sind, daß diese im Sinne von Art. 173 Abs. 2 EWGV individualisiert werden[101]. Solange aber die Vertragspartner die Fassung von Art. 173 Abs. 2 EWGV nicht ausdrücklich verändern, werden die Versuche, den Rechtsschutz des Einzelnen auf die Anfechtung von Verordnungen zu erweitern, bloße Aussagen bezüglich der Rechtslage de lege ferenda sein[102].

Für die Gegenüberstellung von Art. 173 Abs. 2 EWGV und Art. 215 Abs. 2 EWGV ist daher abgesehen von dem in Art. 173 Abs. 2 EWGV vorgesehenen Fall, daß eine Verordnung nur zum Schein diesen Namen trägt, während sie in Wirklichkeit als Entscheidung im Sinne von Art. 189 Abs. 4 EWGV zu qualifizieren ist, von dem klaren Rechtszustand auszugehen, wonach Verordnungen vom Einzelnen nicht angefochten werden können.

γ) Die Anwendung der Amtshaftungsklage bei Schäden, die durch rechtswidrige Verordnungen verursacht werden

Genauso wie bei den vorangegangenen Untersuchungen zur Klagebefugnis bei Entscheidungen ist daher an dieser Stelle die Frage anzuschließen, ob die mangelnde Klagebefugnis bei Verordnungen im Hinblick auf Art. 215 Abs. 2 EWGV überhaupt ins Gewicht fällt, was nur dann der Fall sein kann, wenn Schadensersatz für Schäden, die durch eine rechtswidrige Verordnung entstanden sind, bei Art. 215 Abs. 2 EWGV nicht von vornherein ausgeschlossen ist. Zur Beantwortung dieser Frage muß auf die Rechtsordnungen der Mitgliedstaaten zurückgegriffen werden[103].

Verordnungen haben nach Art. 189 Abs. 2 EWGV allgemeine Geltung, sind in allen ihren Teilen verbindlich und gelten in jedem Mitgliedstaat unmittelbar. Materiellrechtlich sind sie daher trotz des Begriffs „Verordnung“ dem Gesetz im nationalrechtlichen Sinne vergleichbar[104]. Die Frage nach der Amtshaftung bei rechtswidrigen Verordnungen zielt damit auf die innerstaatliche Kontroverse um das

---

[100] Vgl. *EuGH* Rspr. GH VIII, 977 f. und 1019 f.; IX, 977 f.; XIV, 181 ff. und 620 f.

[101] Vgl. *EuGH* Rspr. GH XIV, 183.

[102] Zum selben Ergebnis gelangen *Wohlfahrth*, Kommentar, Anm. 4 zu Art. 173 EWGV; *Bandilla*, S. 48 f.; *Strauß*, S. 213; *Catalano* SEW 1965, 543; *Ophüls* KSE 1, 615; *Matthies*, Juristentag 1966, Bd. II, G 62 ff.; *Danner*, S. 27 f.

[103] Vgl. den Überblick bei *Morvay*, Staatshaftung S. 777 f.

[104] Vgl. *Ophüls* NJW 1963, 1700; *Steindorff*, Rechtsschutz S. 44; *Fuß* NJW 1964, 945; *Groeben - Boeckh*, Kommentar, Vorb. 2. Abschn. II 2 B vor Art. 189 EWGV; *Möller*, S. 30; *Schroeder*, S. 19.

sogenannte legislative Unrecht[105]. Die nationale Diskussion in diesem Bereich ist bisher nur zögernd geführt worden, so daß in keinem Mitgliedstaat bisher eine klare Entscheidung zugunsten einer Ausdehnung der Amtshaftung auf legislatives Unrecht gefallen ist[106].

Gleichwohl wäre es zu schematisch gedacht, wollte man aus diesem Tatbestand das Bestehen eines für Art. 215 Abs. 2 EWGV verbindlichen allgemeinen Rechtsgrundsatzes ableiten, wonach bei rechtswidriger Verordnung die Amtshaftung der Gemeinschaft ausgeschlossen ist[107]. Den Hauptgrund für die Ablehnung der innerstaatlichen Amtshaftung bei legislativem Unrecht stellt nämlich der Umstand dar, daß Schöpfer des schadenstiftenden Aktes nicht ein Exekutivorgan, sondern die Legislative ist, anders ausgedrückt, daß es um Gesetze in formellem Sinne geht. Die Verordnung nach Art. 189 Abs. 2 EWGV stellt aber, solange das Europäische Parlament lediglich ein Vorschlags- und ein Recht zur Anhörung besitzt[108], keine vergleichbare Norm in diesem Sinne dar[109], auch wenn man zumindest dem Rat der Europäischen Gemeinschaften die Eigenschaft eines Legislativ- und nicht eines Exekutivorgans zubilligen will, weil seine Befugnisse auf dem Recht der Europäischen Gemeinschaften und nicht auf Delegation beruhen[110]. Keinesfalls können jedoch die zahlreichen auf Ermächtigung des Rats basierenden Kommissionsverordnungen als Norm im formellen Sinne angesehen werden. Es folgt hieraus, daß die Rechtsgrundsätze der Mitgliedstaaten bezüglich der innerstaatlichen Amtshaftung bei legislativem Unrecht auf die Amtshaftung nach Art. 215 Abs. 2 EWGV nicht unbesehen übernommen werden können, eine Auffassung, die im Montanrecht eine Stütze findet, weil dort auch allgemeine Entscheidungen trotz der vergleichsweise eingeschränkten Haftungsnorm des Art. 34 Abs. 1 Satz 3 EGKSV eine Ent-

---

105 Zum Begriff vgl. *Dagtoglou,* S. 7 f.

106 Vgl. für *Belgien: Cambier,* Staatshaftung S. 62; *ders.* Staatshaftung S. 850 f.; *ders.* Droit administratif S. 574 f.; *Schroeder,* S. 219; die *Bundesrepublik Deutschland: Katzenstein* MDR 1952, 195, Anm. 15; *Dagtoglou,* S. 7 ff. und 63 ff.; *Jaenicke,* Staatshaftung S. 124; *ders.* Staatshaftung S. 848; *Schack* MDR 1968, 186; *ders.* DöV 1971, 446 ff.; *Schroeder,* S. 177 ff., insbesondere 179; *Frankreich: Dagtoglou,* S. 69 ff.; *Richter,* S. 53; *Fromont,* Staatshaftung S. 176 f.; *de Soto,* Staatshaftung S. 841; *Schroeder,* S. 199 f.; *Großbritannien: Dagtoglou,* S. 66 ff.; *Street,* Staatshaftung S. 241 ff.; *Italien: Dagtoglou,* S. 79 f.; *Galeotti,* Staatshaftung S. 326 f.; *ders.* Staatshaftung S. 842 f.; *Schroeder,* S. 210 f.; *Luxemburg: Arendt,* Staatshaftung S. 481; *Schroeder,* S. 225; die *Niederlande: Asser,* S. 583 f.; *Prins,* Staatshaftung S. 502; *Schroeder,* S. 221 f.

107 So nämlich *Schroeder,* S. 284 ff. im Gegensatz zu *Roemer,* der allerdings auch Verordnungen im nationalrechtlichen Sinne miteinbezieht, vgl. Rspr. GH XVII, 990.

108 Siehe Art. 137 EWGV.

109 Vgl. *Fuß* NJW 1964, 327 f.; *Lagrange* Rspr. GH X, 1289; *Ehle,* Kommentar, Tz. 19 zu Art. 189 EWGV.

110 Vgl. *Wohlfahrth,* Anfänge S. 247; *Schroeder,* S. 19.

schädigung herbeiführen können[111]. Hinzukommt, daß auch in den Artikeln 184 und 177 EWGV der Schutz der Verordnungen vom Angriff einzelner durchbrochen ist und das EWG-Recht ohnehin von dem Prinzip beherrscht wird, wonach Rechtsschutzbestimmungen nicht restriktiv interpretiert werden dürfen[112].

Ohnehin ist aber das Fehlen einer echten Legislative Anlaß genug, die These aufzustellen, daß die Haftung nach Art. 215 Abs. 2 EWGV bei einem aus rechtswidriger Verordnung erlittenen Schaden zumindest bei Verordnungen der Kommission nicht von vornherein ausgeschlossen werden kann. Der Europäische Gerichtshof ist noch weiter gegangen, indem er die Amtshaftung nach Art. 215 Abs. 2 EWGV auch bei Verordnungen des Rats für möglich erklärt hat[113].

Kann damit im Grundsatz die Haftung der Europäischen Gemeinschaften für rechtswidrige Verordnungen nicht ausgeschlossen werden, so zeigt sich, daß die strenge Klagebefugnis des Art. 173 Abs. 2 EWGV auch auf diesem Gebiet in Art. 215 Abs. 2 EWGV kein Pendant gefunden hat. Die oben aufgestellte These von der sich aus Art. 173 Abs. 2 EWGV ergebenden Rechtsschutzbeschränkung wird damit insofern erneut bestätigt.

dd) Die fehlende Klagebefugnis bei Richtlinien, Stellungnahmen und Empfehlungen

Bei den Richtlinien im Sinne von Art. 189 Abs. 3 EWGV gestaltet sich die Rechtslage gleichermaßen. Sie sind ebenso wie die Verordnungen nicht der Anfechtung nach Art. 173 Abs. 2 EWGV unterworfen[114], können jedoch als eine zwischen Verordnung und Mitgliedstaatenentscheidung gelegene Maßnahme mitunter zum Schadensersatz nach Art. 215 Abs. 2 EWGV verpflichten[115].

Im Gegensatz dazu taucht bei den beiden schwächsten den europäischen Gemeinschaftsorganen zu Gebote stehenden Maßnahmen, der Stellungnahme und der Empfehlung im Sine von Art. 189 Abs. 5 EWGV, die hier aufgezeigte Problematik nicht auf. Zwar sind auch sie von der Nichtigkeitsklage nach Art. 173 Abs. 2 EWGV ausgeschlossen[116], doch führt dies,

---

[111] Vgl. *Roemer* Rspr. GH XVII, 990; *Much*, Staatshaftung S. 846.

[112] Vgl. *EuGH* Rspr. GH VI, 1189.

[113] Vgl. *EuGH* Rspr. GH XVII, 984 f. Vgl. auch *EuGH* Rspr. GH XVIII, 405; XIX, 803; XIX, 1055 und 1070. Die mögliche Anwendbarkeit von Art. 215 Abs. 2 EWGV bei Schäden aus rechtswidrigen Verordnungen bejahen desweiteren *Somer* DE 1959, 378 f.; *Roemer* Rspr. GH XVII, 990 f.; *Ehle*, Kommentar, Tz. 42 zu Art. 215 EWGV; obiter dictum *Börner*, Juristentag 1966, Bd. II, G 37.

[114] Vgl. *Groeben - Boeckh*, Kommentar, Anm. 11 zu Art. 173 EWGV; *Ehle*, Kommentar, Tz. 34 zu Art. 173 EWGV; *Mailänder*, Betrieb 1965, 1319; *Matthies*, Juristentag 1966, Bd. II, G 61; *Danner*, S. 102.

[115] So *Ehle*, Kommentar, Tz. 43 zu Art. 215 EWGV; Tz. 31 zu Art. 189 EWGV.

da infolge des unverbindlichen Charakters beider Maßnahmen auch eine Anwendung von Art. 215 Abs. 2 EWGV nicht in Frage kommt, zu keiner Rechtsschutzbeschränkung. Das Abhängigkeitsproblem tritt nicht in Erscheinung.

c) Zusammenfassung

Insgesamt wird damit der Umfang der oben aufgestellten Hypothese von einer durch die enge Klagebefugnis des Art. 173 Abs. 2 EWGV hervorgerufenen Rechtsschutzbeschränkung beim Schadensersatz nach Art. 215 Abs. 2 EWGV weitgehend bestätigt. Die materiellrechtlichen Voraussetzungen der Amtshaftung führen allgemein zu geringeren Beschränkungen als dies bei einer Auswirkung der Klagebefugnis der Nichtigkeitsklage auf Art. 215 Abs. 2 EWGV der Fall wäre.

Nur bei Stellungnahmen, Empfehlungen und — teilweise — bei an Privatpersonen gerichteten Entscheidungen kennt die Amtshaftungsklage gleichwertige Einschränkungen wie Art. 173 Abs. 2 EWGV; hier wäre die Auswirkung auf Art. 215 Abs. 2 EWGV daher lediglich eine theoretische. Bei Mitgliedsstaatenentscheidungen, Verordnungen und Richtlinien hingegen würde sich die durch das Erfordernis des individuellen und unmittelbaren Betroffenseins beschränkte Klagebefugnis bzw. das Fehlen einer Klagebefugnis schlechthin auch praktisch auswirken können.

2. Artikel 175 Abs. 3 EWGV

a) Der Terminus „ein anderer Akt als eine Empfehlung oder eine Stellungnahme"

Unter der Überschrift „Klagebefugnis" wurden bisher ausschließlich Fälle des Art. 173 Abs. 2 EWGV behandelt. Mit in den Zusammenhang der Problemeinkreisung gehört jedoch die Regelung des Art. 175 Abs. 3 EWGV, wonach der einzelne das Recht der Untätigkeitsklage besitzt, sofern es ein Organ der Gemeinschaft unterlassen hat, einen anderen Akt als eine Empfehlung oder eine Stellungnahme an ihn zu richten.

Die herrschende Meinung schließt aus dieser Formulierung, daß Art. 175 Abs. 3 EWGV allein die Entscheidung im Sinne von Art. 189 Abs. 4 EWGV zum Gegenstand haben könne, während für Untätigkeitsklagen mit dem Ziel des Erlasses einer Verordnung oder Richtlinie die Klagebefugnis fehle[117]. Diese Auslegung verdient Zustimmung, auch wenn sie

[116] Vgl. *Mailänder,* Betrieb 1965, 1319; *Groeben - Boeckh,* Kommentar, Anm. 2 zu Art. 173 EWGV; *Ehle,* Kommentar, Tz. 34 zu Art. 173 EWGV.

[117] So *Knöpfle* NJW 1959, 555, Fußnote 22; *Bebr,* Judicial Control S. 120; *Schermers,* S. 43; *Neri,* Protection S. 61; *Ehle,* Kommentar, Tz. 25 bis 31 zu Art. 175 EWGV; *Wolf* KSE 1, 121 ff.; *Gand* Rspr. GH XII, 43; *Danner,* S. 54; *Nicolaysen* EuR 1974, 160. Vgl. auch *EuGH* Rspr. GH XVII, 797; *ders.* EuR 1974, 157 ff.; *Schlochauer,* Festschrift Ophüls S. 185; *Bebr* DrCommEur Nr. 917 und 919; *Matthies,* Juristentag 1966, Bd. II, G 64 ff. und 94.

die Frage nicht beantwortet, weshalb die Schöpfer des Vertrages das Wort Entscheidung umschrieben haben, anstatt es selbst zu verwenden[118]. Vermutlich dürfte dieses Vorgehen einer Vorsicht entsprochen haben, sich nicht auf einen noch ungewissen Terminus festzulegen.

Weit bedeutender ist jedoch die Kontroverse darüber, ob die Klagebefugnis des Art. 175 Abs. 3 EWGV auf die an den Kläger zu richtenden Entscheidungen beschränkt sein soll oder auch Drittentscheidungen einbezieht, wie es in Art. 173 Abs. 2 EWGV mit Einschränkungen der Fall ist. Auch diese Frage muß, will man die Worte „an sie zu richten“ nicht ignorieren, zuungunsten des Klägers entschieden werden, auch wenn de lege ferenda vieles für eine andere Lösung spräche[119].

Es zeigt sich an dieser Stelle erneut, daß der Rechtsschutz des einzelnen gegenüber dem Handeln der EG-Organe im Interesse der Vermeidung von Popularklagen stark eingeengt worden ist[120]. Die Klagebefugnis des Art. 175 Abs. 3 EWGV paßt sich damit harmonisch an diejenige des Art. 173 Abs. 2 EWGV an, mit der Folge, daß alles zu Art. 173 Abs. 2 EWGV Gesagte auch im Rahmen von Art. 175 Abs. 3 EWGV Gültigkeit besitzt.

b) Die Anwendung der Amtshaftungsklage bei Schäden, die durch den rechtswidrigen Nichterlaß von Verordnungen, Richtlinien oder Drittentscheidungen verursacht werden

Die möglichen Auswirkungen dieser Situation auf den Rechtsschutz nach Art. 215 Abs. 2 EWGV sind jedoch nur schwer zu erfassen. Zwar steht außer Zweifel, daß eine Amtspflichtverletzung auch durch Unterlassen, insbesondere den Nichterlaß eines Aktes begangen werden kann[121], doch läßt sich schwerlich vorstellen, daß der Nichterlaß einer Verordnung, Richtlinie oder einer an einen Dritten zu richtenden Entscheidung eine Amtspflichtverletzung gegenüber dem Kläger darstellt.

---

[118] Gegen die herrschende Meinung sind *Daig* AöR 83, 180; *Groeben - Boeckh*, Kommentar, Anm. 7 zu Art. 175 EWGV; *Roemer* SEW 1966, 12 f.

[119] Für die Einbeziehung der Drittentscheidungen treten ein: *Matthies*, Juristentag 1966, Bd. II, G 64 f. und 94; *Roemer* SEW 1966, 13. Dagegen sprechen sich, wenn auch z. T. kritisch, folgende Autoren aus: *Gand* Rspr. GH XII, 43; *Knöpfle* NJW 1959, 555; *Bebr*, Judicial Control S. 123; *ders.* DrCommEur Nr. 920; *Schermers*, S. 43; *Ule*, Juristentag 1966, Bd. I, 30; *Börner*, Juristentag 1966, Bd. II, G 37 und 49; *Riese*, Festschrift Hallstein S. 417.

[120] Vgl. *Daig* AöR 83, 169; *ders.* Festschrift Riese S. 188 f.; *Ehle* NJW 1963, 2196; *Roemer* Rspr. GH XI, 321 f.; *Gand* Rspr. GH XI, 292; *Bandilla*, S. 42 ff.; *Catalano* SEW 1965, 549 f.; *Mathijsen*, Fusion S. 104 und 108; *Groeben - Boeckh*, Kommentar, Anm. 11 zu Art. 173 EWGV; *Riese* EuR 1966, 35 und 43; *ders.* Festschrift Hallstein S. 415 und 417 f. sowie 420 f.; *Börner*, Juristentag 1966, Bd. II, G 27; *Matthies*, Juristentag 1966, Bd. II, G 59 f.; *Rasquin - Chevallier* RTDE 1966, 45; *Neri* RMC 1967, 459; *Weidinger*, S. 31 bis 39.

[121] Vgl. *Goffin* DrCommEur Nr. 470; *ders.* DrCommEur Nr. 947.

Zumindest sind bis zum gegenwärtigen Zeitpunkt keine Fälle aufgetreten, bei welchen sich die aus der eng gefaßten Klagebefugnis des Art. 175 Abs. 3 EWGV ergebende Rechtsschutzbeschränkung auf die Schadensersatzklage des Art. 215 Abs. 2 EWGV hätte auswirken können. Praktisch muß infolgedessen davon ausgegangen werden, daß das hier zu behandelnde Abhängigkeitsproblem in bezug auf die Klagebefugnis bei Art. 175 Abs. 3 EWGV nicht in Erscheinung tritt.

IV. Zusammenfassung

Die vorangegangenen Erörterungen haben verdeutlicht, daß die hier speziell untersuchten Prozeßvoraussetzungen der Art. 173 und 175 EWGV (Vorverfahren, Klagefrist und Klagebefugnis) in der Vorschrift des Art. 215 Abs. 2 EWGV nicht nur keine prozessuale, sondern — von einigen Ausnahmen abgesehen — auch keine materiellrechtliche Entsprechung gefunden haben. Das Ausmaß der Rechtsschutzbeschränkung, wie es eingangs angedeutet worden ist, wird damit nahezu voll bestätigt.

Zugleich muß an dieser Stelle jedoch in Erinnerung gerufen werden, daß die vorausgegangenen Untersuchungen unter der Hypothese erfolgten, daß es eine Auswirkung der genannten Zulässigkeitsvoraussetzungen der Nichtigkeits- bzw. Untätigkeitsklage auf die Amtshaftungsklage tatsächlich gibt. Im folgenden Abschnitt wird nun der Frage nachzugehen sein, inwieweit diese Hypothese richtig ist, genauer gesagt, ob und inwieweit sich die durch das unterbliebene Vorverfahren, die versäumte Klagefrist bzw. die fehlende Klagebefugnis bedingte prozessuale Abweisung der Nichtigkeits- bzw. Untätigkeitsklage auf die Begründetheit der Amtshaftungsklage auswirken kann.

Dabei werden die Auswirkungen einer von vornherein unterlassenen Nichtigkeits- oder Untätigkeitsklage zusammen mit jenen Fällen zu behandeln sein, in welchen die Prozeßabweisung wegen versäumten Vorverfahrens bzw. versäumter Klagefrist erfolgt.

B. Die Lösung des Problems

I. Vorbemerkung

Der Schadensersatz aus Amtspflichtverletzung hat im EWG-Recht keine ausführliche Regelung gefunden; die nähere Ausgestaltung seiner Voraussetzungen soll vielmehr im Wege des Rückgriffs auf die den Rechtsordnungen der Mitgliedstaaten gemeinsamen allgemeinen Rechtsgrundsätze vorgenommen werden. Auch die Frage einer etwaigen materiellrechtlichen Abhängigkeit von den Zulässigkeitsvoraussetzungen der Nichtigkeits- bzw. Untätigkeitsklage ist daher mittels eines Rechtsvergleichs zu lösen, der sich an den Rechtsordnungen der Mitgliedstaaten zu orientieren hat.

Bevor jedoch ein Rückgriff auf das nationale Amtshaftungsrecht erfolgen darf, ist stets vorab zu prüfen, ob die aufgeworfenen Fragen nicht schon an anderer Stelle durch den Vertrag beantwortet sind[122]; erst bei Verneinung dieser Vorfrage wird die Heranziehung der aus den Rechtsordnungen der Mitgliedstaaten zu entnehmenden allgemeinen Rechtsgrundsätze erfolgen können.

Zunächst ist somit der Frage nachzugehen, ob sich aus Bestimmungen des EWG-Vertrages ableiten bzw. verneinen läßt, daß die auf einen rechtswidrigen Akt oder die rechtswidrige Unterlassung eines Aktes gestützte Amtshaftungsklage unbegründet ist, sofern die gleichfalls denkbare Nichtigkeits- bzw. Untätigkeitsklage unterbleibt oder aber wegen Versäumnis des Vorverfahrens bzw. der Klagefrist oder aber wegen Fehlens der Klagebefugnis abgewiesen wird. Die Behandlung des Falls der Prozeßabweisung wegen fehlender Klagebefugnis soll dabei an den Anfang gestellt werden.

II. Die Auswirkung einer mangels Klagebefugnis abgewiesenen Nichtigkeits- bzw. Untätigkeitsklage auf die Begründetheit der Amtshaftungsklage

1. *Der Grundsatz des Verbots von Popularklagen*

Wenn immer eine Nichtigkeits- bzw. Untätigkeitsklage mangels Klagebefugnis des Klägers als unzulässig abgewiesen wird, kommt ein grundlegendes Prinzip zum Tragen, das sowohl den Rechtsordnungen der Mitgliedstaaten als auch der Montanunion sowie der Europäischen Wirtschaftsgemeinschaft gemeinsam ist: das Prinzip des Verbots von Popularklagen[123]. Danach kann nicht jeder Betroffene jeden Akt bzw. jedes Unterlassen der EG-Organe angreifen, sondern der Rechtsbehelf unterliegt bestimmten Beschränkungen ratione materiae und ratione personae, die alle einem weiteren Grundsatz dienen, dem Prinzip des Rechtsfriedens.

Wendet man den in Art. 173 Abs. 2 und Art. 175 Abs. 3 EWGV enthaltenen Grundsatz des Verbots von Popularklagen auch dort an, wo es

---

[122] So auch *Daig* AöR 83, 181.

[123] Vgl. *Schlochauer* AVR 3, 401; *ders.* Rechtsschutz S. 32; *Steindorff*, Nichtigkeitsklage S. 41 f.; *Grasetti*, Actes officiels, Bd. IV, 84; *Daig* AöR 83, 169; *ders.* Festschrift Riese S. 188 f.; *Ehle* NJW 1963, 2196; *Goffin* DE 1963, 282; *Roemer* Rspr. GH XI, 321 f.; *Gand* Rspr. GH XI, 292; *Catalano* SEW 1965, 549; *Groeben - Boeckh*, Kommentar Anm. 11 zu Art. 173 EWGV; *Börner*, Juristentag 1966, Bd. II, G 27; *Matthies*, Juristentag 1966, Bd. II, G 59 f.; *Mathijsen*, Fusion S. 108; *Riese* EuR 1966, 35 und 43; *ders.* Festschrift Hallstein S. 415, 417 f. und 420 f., *Rasquin - Chevallier* RTDE 1966, 45; *Neri* RMC 1967, 459; *Weidinger*, S. 31 ff.; *Constantinesco* Schriftenreihe S. 30 f. und 34.

sich — wie in Art. 215 Abs. 2 EWGV — lediglich um die inzidente Überprüfung eines Aktes bzw. einer Unterlassung handelt, so bedeutet dies die Unzulässigkeit der Inzidentprüfung, mit der Folge, daß die Amtshaftungsklage mangels Feststellung eines rechtswidrigen Aktes bzw. einer rechtswidrigen Unterlassung, mangels eines Amtsfehlers also, als unbegründet abzuweisen ist. Entscheidend für die Lösung der anstehenden Frage ist daher, ob sich aus den Bestimmungen des EWG-Vertrages entnehmen läßt, daß das Prinzip des Verbots von Popularklagen auch auf die Inzidentprüfung in Art. 215 Abs. 2 EWGV zu übertragen sei.

2. *Die Durchbrechung des Grundsatzes des Verbots von Popularklagen bei Inzidentprüfungen*

Die in diesem Zusammenhang einschlägige Vorschrift des Art. 184 EWGV — auch auf Art. 215 Abs. 2 EWGV anwendbare Spezialnorm bei Einreden der Rechtswidrigkeit[124] — gibt darauf eine Teilantwort, indem sie für den Bereich inzident zu prüfender Verordnungen eine Übertragung des Prinzips ausschließt. Verordnungen können danach vom einzelnen uneingeschränkt zum Gegenstand einer Einrede der Rechtswidrigkeit erhoben und somit vom Gerichtshof inzident überprüft werden, ohne daß sich die Beschränkung der Klagebefugnis bei der Nichtigkeitsklage auswirken würde.

Da jedoch Art. 184 EWGV seine Regelung auf die Inzidentprüfung bei Verordnungen beschränkt und auf andere Akte nicht ausgedehnt werden kann[125], stellt sich ähnlich wie bei der oben behandelten Problematik der Bindungswirkung der Bestandskraft[126] die Frage, ob daraus für andere Akte als Verordnungen ein Umkehrschluß zu ziehen sei, mit der Folge, daß das Prinzip des Verbots der Popularklage für jene Akte auf den Bereich der Inzidentprüfungen zu übertragen wäre.

Die Frage muß für den Fall der Inzidentprüfung innerhalb eines Amtshaftungsverfahrens mit den gleichen Argumenten wie bei der Bestandskraft verneint werden. Die als Komplementärnorm zu Art. 173 EWGV gedachte Vorschrift des Art. 184 EWGV stellt — wie gezeigt wurde — keine allgemeingültige Regelung dar, sondern trifft ihre Aussage — ebenso wie dies bei der Vorschrift des Art. 177 EWGV der Fall ist — im Hinblick auf den für sie speziellen Zweck der Rechtsschutzergänzung in bezug auf Art. 173 EWGV[127]. Auch ein Umkehrschluß ist daher nur in diesem besonderen Zusammenhang von Bedeutung.

---

[124] Vgl. Fußnote 3 in Teil I.
[125] Vgl. unter Teil II, § 1 B.
[126] Vgl. unter Teil II, § 1.
[127] Vgl. unter Teil II, § 1 C.

Für die Inzidentprüfung im Rahmen des Amtshaftungsverfahrens erweist sich die Beschränkungsratio des Art. 184 EWGV hingegen als nicht sinnvoll, zumal eine Zusammensicht von Art. 184 und Art. 177 EWGV deutlich macht, daß das Verbot der Popularklage für den Bereich der Inzidentüberprüfung nahezu lückenlos durchbrochen ist. Kommt damit der an sich denkbare Umkehrschluß des Art. 184 EWGV für das Amtshaftungsverfahren nach Art. 215 Abs. 2 EWGV nicht in Frage, so erweist sich das Verbot der Popularklage in den hier zu behandelnden Fällen als irrelevant.

Ist aber im Amtshaftungsverfahren die inzidente Überprüfung aller schadenstiftenden Akte, bezüglich derer die Klagebefugnis im Nichtigkeitsverfahren fehlt, erlaubt — und das gleiche muß für die Inzidentprüfung von Unterlassungen gelten — so folgt daraus, ohne daß es noch des in Art. 215 Abs. 2 EWGV angeordneten Rückgriffs auf die Rechtsordnungen der Mitgliedsstaaten bedürfte, daß die Begründetheit einer auf einen rechtswidrigen Akt bzw. seine rechtswidrige Unterlassung gestützten Amtshaftungsklage von einer wegen fehlender Klagebefugnis erfolgten Prozeßabweisung der Nichtigkeits- bzw. Untätigkeitsklage unabhängig ist.

3. Die Konsequenz der Durchbrechung des Grundsatzes des Verbots von Popularklagen bei Inzidentprüfungen

Dieses Ergebnis nimmt den Umstand in Kauf, daß der nicht klagebefugte Nichtigkeits- bzw. Untätigkeitskläger über den Umweg der Amtshaftungsklage unter Umständen einen Erfolg herbeiführen kann, der ihm durch die Bestimmungen der Art. 173 und 175 EWGV an sich versagt ist. Zieht man jedoch in Betracht, daß Art. 215 Abs. 2 EWGV im Gegensatz zu den Parallelvorschriften der Art. 40 Abs. 1 und 34 Abs. 1 Satz 3 EGKSV an den Beschränkungen der Nichtigkeits- bzw. Untätigkeitsklage nicht teilnehmen, sondern als ultima ratio[128] eher die Funktion übernehmen soll, einen Ausgleich gegenüber den Rechtsschutzbeschränkungen der Art. 173 und 175 EWGV herbeizuführen[129], so wird diese Konsequenz annehmbar. Je enger die Einschränkung in den Bestimmungen der Art. 173 und 175 EWGV de lege lata ausgestaltet ist, um so mehr Bedeutung kommt dieser Funktion der Amtshaftungsklage als einer ultima ratio zu. Art. 215 Abs. 2 EWGV darf sich daher nicht an den Artikeln 173 und 175 EWGV orientieren, sondern diese müssen ihrerseits hinter Art. 215 Abs. 2 EWGV zurückweichen.

---

[128] Siehe dazu *Much*, Amtshaftung S. 8; *ders.* Staatshaftung S. 724.

[129] Diese Wechselbeziehung zwischen der Amtshaftungsklage einerseits und den Rechtsbehelfen der Artikel 173 und 175 EWGV andererseits sieht ebenfalls *Börner*, nur daß er den umgekehrten Schluß zieht, wonach die Klagebefugnis auszuweiten sei, vgl. Juristentag 1966 Bd. II, G 27.

Auch die zweite Gefahr, daß nämlich die inzidente Feststellung der Rechtswidrigkeit eines Aktes bzw. eines Unterlassens einen (durch das Verbot der Popularklage an sich verhinderten) Zwang auf das betreffende EG-Organ zu neuem Tätigwerden ausüben kann, muß hingenommen werden. Eine rechtliche Verpflichtung der Gemeinschaft, die rechtswidrige Maßnahme aufzuheben, bzw. einen Akt zu erlassen, besteht, da Art. 176 Abs. 1 EWGV auf Art. 215 Abs. 2 EWGV nicht zur Anwendung kommt, ohnehin nicht[130]. Allenfalls läuft die Gemeinschaft Gefahr, daß sich nach positivem Ausgang des Urteils möglicherweise eine Vielzahl sonstiger Betroffener zu einem gleichen Amtshaftungsprozeß entschließen wird, wobei die Zahl der potentiellen Kläger angesichts des Umstandes, daß die Klagebefugnis des Art. 173 EWGV z. B. gerade bei Verordnungen oder Mitgliedstaatenentscheidungen fehlen wird, in der Tat recht groß sein könnte. Vielleicht wird sich das betroffene Organ sogar — praktisch, nicht rechtlich — genötigt sehen, den rechtswidrigen Akt — soweit möglich — zurückzunehmen bzw. den gewünschten Akt zu erlassen.

Dieser von der Möglichkeit eines weiteren Schadensersatzes auf die Organe der Europäischen Gemeinschaften ausgehende Druck muß jedoch als positiv angesehen werden, zwingt er doch die Gemeinschaftsorgane, die Frage der Rechtswidrigkeit ihres Handelns von vornherein einer strengen Prüfung zu unterziehen. Letzten Endes dient daher die hier befürwortete großzügige Anwendung von Art. 215 Abs. 2 EWGV dem Ziel, den Mangel der auf Grund fehlender parlamentarischer Kontrolle eingeschränkten Rechtsstaatlichkeit beim Erlaß von Akten der EG-Organe sowie den begrenzten Rechtsschutz der Art. 173 und 175 EWGV auf mittelbarem Wege auszugleichen.

Abgesehen von diesen Erwägungen allgemeiner Natur kommt dem obigen Ergebnis die Bedeutung zu, die in Teil I dieser Arbeit dargelegte Rechtsschutzverbesserung, wie sie die Haftungsregelung des EWG-Vertrages gegenüber derjenigen des Montanvertrages darstellt, entscheidend zu ergänzen. Hatte die Dualität des montanrechtlichen Systems dazu geführt, daß eine auf einen rechtswidrigen Akt bzw. eine rechtswidrige Unterlassung eines Aktes der Hohen Behörde (Kommission) gestützte Amtshaftungsklage des Art. 40 Abs. 1 EGKSV bei fehlender Klagebefugnis für die Nichtigkeits- bzw. Untätigkeitsklage unzulässig war[131] und konnte für das EWG-Recht auf Grund von Art. 176 Abs. 2 EWGV und des Fehlens einer Art. 34 Abs. 1 Satz 3 EGKSV entsprechenden Norm eine derartige prozessuale Abhängigkeit verneint werden, so erhält diese Rechtsschutzverbesserung ihren vollständigen Wert erst

[130] Vgl. unter Teil I, § 3 C sowie die dortigen Hinweise der Fußnote 154.
[131] Vgl. unter Teil I, § 2 C, III und IV 3 c.

dadurch, daß die Amtshaftungsklage nach Art. 215 Abs. 2 EWGV auch in materiellrechtlicher Hinsicht unabhängig ist.

Der nichtklagebefugte von einer Maßnahme eines EG-Organs Betroffene hat mithin im EWG-Recht nicht nur die Möglichkeit, in zulässiger Weise eine Amtshaftungsklage zu erheben, sondern auch die Chance, daß dieser Klage stattgegeben wird. Erst durch diesen zweiten Umstand wird die Unbilligkeit der montanrechtlichen Regelung, die vor allem darin besteht, daß der Geschädigte auf seine Klagebefugnis im Nichtigkeits- bzw. Untätigkeitsprozeß und damit auf das Scheitern seines Schadensersatzes keinerlei Einfluß besitzt[132], vollkommen beseitigt.

III. Die Auswirkung einer wegen Versäumnis des Vorverfahrens bzw. der Klagefrist abgewiesenen oder aber einer unterbliebenen Nichtigkeits- bzw. Untätigkeitsklage auf die Begründetheit der Amtshaftungsklage

1. Die grundsätzliche Lösung im EWG-Vertrag

Die zuvor behandelte Frage der materiellrechtlichen Abhängigkeit der Amtshaftungsklage vom Fehlen der Klagebefugnis im Nichtigkeits- bzw. Untätigkeitsprozeß konnte ohne Zuhilfenahme der Rechtsordnungen der Mitgliedstaaten allein aus dem EWG-Vertrag heraus beurteilt und beantwortet werden. Für die Frage der materiellrechtlichen Abhängigkeit der Amtshaftungsklage bei versäumtem Vorverfahren bzw. verstrichener Klagefrist (der Nichtigkeits- bzw. Untätigkeitsklage) sollen daher ebenfalls zunächst die Bestimmungen des EWG-Vertrages herangezogen werden. Nur soweit der Vertrag diese Frage nicht abschließend beantwortet, wird sich ein Rechtsvergleich gemäß Art. 215 Abs. 2 EWGV als notwendig erweisen[133].

Den Ausgangspunkt der Überlegungen bildet auch hier wieder der Umstand, daß sowohl das Erfordernis des Vorverfahrens nach Art. 175 Abs. 2 Satz 1 EWGV als auch die Fristen der Art. 173 Abs. 3 und 175 Abs. 2 Satz 2 EWGV — ebenso wie die Klagebefugnis der Nichtigkeits- und Untätigkeitsklage — dem Grundsatz des Rechtsfriedens zu dienen bestimmt sind. Wurde aber bei der Erörterung der Auswirkung der fehlenden Klagebefugnis eine Ausdehnung dieses Grundsatzes auf die Inzidentprüfung im Rahmen eines Amtshaftungsprozesses verneint, so kann bei den Zulässigkeitsvoraussetzungen des Vorverfahrens sowie der Klagefrist nichts anderes gelten. Auch hier kommt die aus den Artikeln 177 und 184 EWGV gewonnene Erkenntnis zum Tragen, daß der Grund-

---

[132] Siehe die Darlegung dieser Situation unter Teil I, § 2 C, IV 2, insbesondere die Fallgruppen zwei und drei. Vgl. auch *Goffin* DE 1963, 379 f.; *ders.* CMLR 1963/64, Bd. I, 356.

[133] Vgl. unter Teil II, § 5 B, I, insbesondere Fußnote 122.

satz des Rechtsfriedens im Bereich der Inzidentprüfung des Art. 215 Abs. 2 EWGV keine Anwendung findet.

Diese Ausnahme ist bei versäumtem Vorverfahren bzw. verstrichener Klagefrist um so mehr gerechtfertigt, als selbst der auf gleichem Sachverhalt beruhende Grundsatz der Bindung an die Bestandskraft — wie oben gezeigt worden war[134] — bei der Inzidentprüfung nach Art. 215 Abs. 2 EWGV durchbrochen wird.

Aus dem Gesagten muß gefolgert werden, daß der Richter der Amtshaftungsklage an der für die Feststellung eines Amtsfehlers erforderlichen Nachprüfung (trotz versäumten Vorverfahrens bzw. verstrichener Klagefrist die Nichtigkeits- bzw. Untätigkeitsklage) nicht gehindert ist. Ist aber der aus einem rechtswidrigen Akt bzw. der rechtswidrigen Unterlassung eines Aktes resultierende Amtsfehler trotz Prozeßabweisung der Nichtigkeits- bzw. Untätigkeitsklage prüfbar und feststellbar, so steht fest, daß sich die Unzulässigkeit von Nichtigkeits- und Untätigkeitsklagen infolge des Versäumnisses von Vorverfahren oder Klagefrist auf die Begründetheit der Amtshaftungsklage nicht auswirken kann.

Als besonders wertvoll erweist sich dabei für den Betroffenen der Umstand, daß dies auch dann gilt, wenn der Amtshaftungskläger von der Erhebung einer Nichtigkeits- bzw. Untätigkeitsklage ganz und gar abgesehen hat, weil er den Schaden vor Ablauf der Klagefrist nicht kannte oder aber alleine an einer Schadensregulierung, nicht aber an einer Aufhebung oder Verpflichtung interessiert ist.

Hätte dagegen das Unterlassen einer Nichtigkeits- bzw. Untätigkeitsklage oder aber ihre Abweisung wegen Versäumung des Vorverfahrens bzw. der Klagefrist die Unbegründetheit der Amtshaftungsklage zur Folge, so hieße dies, die Schadensersatzklage an die Klagefristen der Art. 173 Abs. 3 bzw. 175 Abs. 2 Satz 2 EWGV binden und damit die Fünfjahresfrist des Art. 43 Satz 1 Satzung EuGH EWG auf nur wenige Monate verkürzen[135].

Der Kläger wäre außerdem gehindert, zwischen der Möglichkeit einer Nichtigkeits- bzw. Untätigkeitsklage einerseits und einer Schadensersatzklage andererseits frei zu entscheiden und müßte den zeitraubenden und risikobehafteten Weg zweier verschiedener Klagen beschreiten. Für den Fall, daß beispielsweise eine Nichtigkeitsklage zurückgenommen werden muß, weil sich die belastende Entscheidung erledigt hat,

---

[134] Vgl. unter Teil II, § 1 D.

[135] Hierauf verweisen im Zusammenhang mit ihrer Kritik am „Plaumannfall“ (*EuGH* Rspr. GH IX, 215 ff.) folgende Autoren: *Goffin* DE 1963, 380; *ders.* DrCommEur Nr. 944; *Mailänder*, Betrieb 1965, 1319; *Ule*, Juristentag 1966, Bd. I, 31; *Ehle*, Kommentar, Tz. 63 zu Art. 215 EWGV; *van der Burg* SEW 1969, 215.

wäre er bei gleichwohl eintretendem Schaden sogar rechtsschutzlos gestellt[136].

In gleicher Weise würde ihn schließlich der Fall treffen, in welchem der Schaden erst nach Ablauf der Klagefrist für die Nichtigkeits- bzw. Untätigkeitsklage eintritt[137], es sei denn, der Kläger würde rein vorsorglich, um nicht der Möglichkeit des Schadensersatzes verlustig zu gehen, zusätzlich die Klage nach Art. 173 bzw. 175 EWGV erheben.

2. *Die Frage der Ausnahme bei unterlassener Schadensabwendung*

Nur in einem Fall ist die Überlegung anzustellen, ob nicht von dem Ergebnis, wonach die Begründetheit der Amtshaftungsklage vom Unterlassen der Nichtigkeits- bzw. Untätigkeitsklage bzw. von deren Abweisung wegen Versäumung des Vorverfahrens oder der Klagefrist unabhängig ist, eine Ausnahme zu machen sei, nämlich dann, wenn es der Geschädigte unterläßt, den Schaden durch ein rechtzeitiges Vorverfahren bzw. rechtzeitige Klageerhebung nach den Artikeln 173 und 175 EWGV abzuwenden[138].

Diese Fälle versäumten Vorverfahrens und verstrichener Klagefrist unterscheiden sich von den zuvor dargelegten, vor allem aber von den früher behandelten Fällen der fehlenden Klagebefugnis, mitunter wesentlich. Wird die Lage bei den letzteren dadurch gekennzeichnet, daß der Kläger auf die Klagebefugnis und damit auf die Beseitigung des Aktes — des schadenstiftenden Ereignisses also — keinerlei Einfluß nehmen kann, so verhält es sich bei den Fällen des versäumten Vorverfahrens oder der versäumten Klagefrist insofern anders, als der Kläger nicht selten die Möglichkeit besitzt, den Schaden durch rechtzeitiges Tätigwerden abzuwenden und damit die Amtshaftungsklage zu vermeiden.

Die Frage der materiellrechtlichen Unabhängigkeit der Amtshaftungsklage von Nichtigkeits- bzw. Untätigkeitsklagen, die auf Grund versäumten Vorverfahrens bzw. versäumter Klagefrist prozessual abgewiesen werden, kann daher erst dann als abschließend geklärt angesehen werden, wenn festgestellt wurde, ob es von Einfluß ist, wenn es

---

[136] So auch *Mailänder*, Betrieb 1965 1319; *Ehle*, Kommentar, Tz. 7 zu Art. 178 EWGV; *ders.* Kommentar, Tz. 63 zu Art. 215 EWGV.

[137] Hierauf weisen wiederum im Zusammenhang mit ihrer Kritik am „Plaumannfall" folgende Autoren hin: *Goffin* DE 1963, 379 f.; *ders.* CMLR 1963/64, Bd. I, 356; *ders.* DrCommEur Nr. 944; *Ehle*, Kommentar, Tz. 9 zu Art. 178 EWGV; *van der Burg* SEW 1969, 215.

[138] Der *EuGH* spricht in Rspr. GH XIII, 499 von unterlassener Schadensabwendung, folgert daraus jedoch nicht die Unbegründetheit der Amtshaftungsklage, sondern ihre Unzulässigkeit, da sich der Kläger über den Schadensanspruch eine neue Klagemöglichkeit verschafft habe.

der Kläger unterlassen hat, den Schaden durch rechtzeitiges Tätigwerden im hier beschriebenen Sinne abzuwenden.

a) Der Rückgriff auf die Rechtsordnungen der Mitgliedstaaten

Da die Vorschriften des EWG-Vertrages selbst über diese Frage keine Auskunft geben, wird hier die Heranziehung der Rechtsordnungen der Mitgliedstaaten gem. Art. 215 Abs. 2 EWGV erstmals erforderlich[139]. Die Untersuchung wird dabei inhaltlich auf den Bereich der Amtshaftung[140] und territorial auf die neun Mitgliedstaaten der Gemeinschaft beschränkt sein. Daß die Verweisung des Art. 215 Abs. 2 EWGV auf das Recht der „Mitgliedstaaten" auch das Recht der drei Beitrittsstaaten Großbritannien, Irland und Dänemark umfaßt, folgt dabei aus der Identität der jetzigen erweiterten Gemeinschaft mit der Altgemeinschaft[141].

aa) Die Amtshaftungsklage in den Rechtsordnungen der Mitgliedstaaten

Die Haftung des Staates für rechtswidriges Verhalten seiner Organe stellt ein allen Mitgliedstaaten immanentes Rechtsinstitut dar, doch hat sie in den einzelnen Rechtsordnungen verschiedenste Ausgestaltungen erfahren[142]. Während z. B. im deutschen, belgischen, luxemburgischen und italienischen Recht die Verfassung selbst als Rechtsgrundlage (mit)herangezogen wird[143], basiert die Amtshaftung in anderen Ländern auf einfachem Recht[144] oder wie in Frankreich im wesentlichen auf

---

[139] Daß die rechtsvergleichende Heranziehung der Rechtsordnungen der Mitgliedstaaten auch ohne ausdrückliche Verweisung zulässig ist, wird allgemein anerkannt, vgl. *Daig* AöR 83, 156 und 183; *Roemer* Rspr. GH IX, 259; *Ehle* NJW 1963, 935; *Tomuschat,* S. 18 ff.; *Lorenz,* Festschrift Nipperdey S. 799; *Much,* Staatshaftung S. 728; *Ipsen,* Gemeinschaftsrecht 5/22; *Lecheler,* S. 167, der sogar soweit geht, den ausdrücklichen Hinweis in Art. 215 Abs. 2 EWGV als überflüssig zu bezeichnen.

[140] Der deutschrechtliche Terminus „Amtshaftung" ist in Bezug auf die Rechtsordnungen der übrigen Mitgliedstaaten notwendigerweise ungenau. Er wird hier aus Gründen der Einfachheit stellvertretend für die der „außervertraglichen Haftung" im Sinne von Art. 215 Abs. 2 EWGV entsprechende innerstaatliche Haftung der Mitgliedstaaten für das rechtswidrige Verhalten ihrer Organe gebraucht. Gleiches gilt für den sich anschließenden Rechtsvergleich.

[141] Vgl. *Much* EuR 1972, 329; *Ipsen,* Gemeinschaftsrecht 9/4; *Nicolaysen* KSE 15, 101; *Raschauer* ZaöRVR 32, 651; *Nass* NJW 1973, 393 ff., insbesondere 395 f. Offen lassend: *Jaenicke,* Staatshaftung S. 862 f. Vgl. auch *Ipsen,* Gemeinschaftsrecht 5/19.

[142] Vgl. den Überblick bei *Steinberger,* Staatshaftung S. 753 ff.

[143] *Belgien:* Art. 92 f. Verfassung, *Bundesrepublik Deutschland:* Art. 34 GG, *Italien:* Art. 28 Verfassung, *Luxemburg:* Art. 84 f. Verfassung.

[144] *Niederlande:* Art. 1401 ff. B. W. Vgl. aber auch für die *Bundesrepublik Deutschland* § 839 BGB und für Italien Art. 2 Gesetz vom 20. 3. 1865 Nr. 2248, Anhang E.

Rechtsprechung[145]. Keine der nationalen Regelungen weist dabei vollkommen einheitliche Züge auf; eher sind zahlreiche Sonderbestimmungen die Regel[146].

Ähnlich verhält es sich bei der Frage der Zuständigkeit. Frankreich schreibt für die Verfolgung eines Amtshaftungsanspruchs grundsätzlich den öffentlich-rechtlichen Rechtsweg vor[147] und steht damit im Gegensatz zur Bundesrepublik Deutschland, den Niederlanden sowie Großbritannien, Italien, Belgien und Luxemburg, wo der ordentliche Richter zuständig ist[148]. Ausnahmen bestätigen jedoch auch hier die Regel[149].

Bei der materiellrechtlichen Ausgestaltung der innerstaatlichen Amtshaftung erweisen sich die Regelungsunterschiede als noch vielfältiger. So sind z. B. die Anforderungen an die Organstellung des handelnden Staatsorgans recht verschieden ausgestaltet[150]. Ähnlich verhält es sich mit der Frage, welches Recht verletzt sein muß — etwa ein subjektives Recht wie in Belgien, Italien und Luxemburg[151] oder lediglich ein rechtlich geschütztes Interesse — und der weiteren Frage, ob es genügt, wenn eine objektiv rechtswidrige Maßnahme vorliegt[152]. Auch die Schwere

---

[145] Vgl. *Fromont*, Staatshaftung S. 143. Ähnlich verhält es sich trotz positivrechtlicher Regelungen in Großbritannien und den Niederlanden. Vgl. für Großbritannien *Street*, der auf die Rechtsprechung zum Crown Proceedings Act von 1947 hinweist, Staatshaftung S. 230 ff. Vgl. für die Niederlande *Prins*, Staatshaftung S. 488 ff.

[146] Vgl. z. B. für das französische Recht *Fromont*, Staatshaftung S. 158 ff.

[147] Vgl. *Fromont*, Staatshaftung S. 138 und 172; *Lücking*, S. 14 ff., insbesondere 18 f. Vgl. auch *Frowein*, Staatshaftung 800 f.

[148] *Belgien:* Art. 92 f. Verfassung; vgl. auch *Cambier*, Staatshaftung S. 43 f.; *Mast*, Nr. 437 ff.; *Bundesrepublik Deutschland:* Art. 34 Satz 3 GG. *Großbritannien:* vgl. *Street*, Staatshaftung S. 245; *Jaenicke*, Staatshaftung S. 873; *Italien:* Art. 2 Gesetz vom 20. 3. 1865 Nr. 2248, Anhang E; vgl. auch *Galeotti*, Staatshaftung S. 306 und 333; *Bachelet*, Gerichtsschutz S. 469 f.; *Luxemburg:* Art. 84 f. Verfassung; vgl. auch *Bonn*, S. 28; *Arendt*, Staatshaftung S. 448 ff.; *Niederlande:* Art. 167 Verfassung sowie Art. 2 R.O.; vgl. auch *Langemeijer*, Gerichtsschutz S. 798; *Prins*, Staatshaftung S. 490; *Asser*, S. 586.

[149] Vgl. z. B. für das französische Recht *Fromont*, Staatshaftung S. 144 f. und 172 ff.; *Lücking*, S. 37 f.; Vgl. weiterhin für das italienische Recht *Galeotti*, Staatshaftung S. 333; für das niederländische Recht *Langemeijer*, Gerichtsschutz S. 798 und für das belgische Recht *Cambier*, Staatshaftung S. 43 f.; *Velu*, Gerichtsschutz S. 16.

[150] In Italien z. B. kann nur eine natürliche Person Organ sein, vgl. *Galeotti*, Staatshaftung S. 308. In Großbritannien findet sich eine noch restriktivere Regelung vgl. *Street*, Staatshaftung S. 223 sowie *Steinberger*, Staatshaftung S. 755. Im Gegensatz dazu etwa die französische Rechtsordnung, vgl. *Lücking*, S. 24.

[151] *Belgien:* vgl. *Cambier*, Staatshaftung S. 44; *Mast*, Nr. 459 ff.; *Italien:* vgl. *Galeotti*, Staatshaftung S. 312 f. *Luxemburg:* vgl. *Arendt*, Staatshaftung S. 459 f.

[152] So stark ausgeprägt im französischen Recht, vgl. *Rivero*, Nr. 285; *Vedel*, S. 326 f.; *Fromont*, Staatshaftung S. 150 f.; *Lücking*, S. 24; *Much*, Amtshaftung S. 33; *Steinberger*, Staatshaftung S. 764. Ähnlich in den Niederlanden, vgl. *Langemeijer*, Gerichtsschutz S. 810.

des Amtsfehlers unterliegt voneinander abweichenden Beurteilungen, desgleichen die Frage des Verschuldens oder aber des Vorliegens einer Schutznorm im Sinne der deutschen Schutznormtheorie[153]. Die Zahl der Beispiele ließe sich verlängern[154].

Ungeachtet dieser Verschiedenheit der Ausgestaltung der nationalstaatlichen Regelungen läßt sich jedoch als gemeinsames Element feststellen, daß es in den Rechtsordnungen der Mitgliedstaaten eine im wesentlichen kongruente, d. h. nach etwa gleichartig formulierten Prinzipien gestaltete Haftung des Staates für das rechtswidrige Verhalten seiner Organe gibt und weiterhin, daß die Amtshaftung in allen Mitgliedstaaten auch dann eingreift, wenn der Amtsfehler in Form eines rechtswidrigen Aktes bzw. der rechtswidrigen Unterlassung eines Aktes begangen wurde[155].

bb) Die Nichtigkeits- und Untätigkeitsklage[156] in den Rechtsordnungen der Mitgliedstaaten

Natürlich können rechtswidrige Akte bzw. die rechtswidrige Unterlassung von Akten nach den Rechtsordnungen der Mitgliedstaaten auch Gegenstand verwaltungsgerichtlicher Verfahren sein, deren Aufgabe darin besteht, den rechtswidrigen Akt aufzuheben[157] bzw. die Verwaltung zum Erlaß eines Aktes zu verurteilen[158]. Es handelt sich hierbei um

---

[153] Vgl. hierzu den *BGH* BGHZ 39, 364 und die vergleichende Darstellung bei *Roemer* Rspr. GH IX, 267; *Steinberger*, Staatshaftung S. 759 ff.; *Ehle*, Kommentar, Tz. 37 zu Art. 215 EWGV; *Jurina* ZaöRVR 28, 377 ff.; *Fuß* EuR 1968, 359 f.

[154] Vgl. den Überblick bei *Steinberger*, Staatshaftung S. 753 ff.

[155] *Bundesrepublik Deutschland:* vgl. *Bachof*, Vornahmeklage S. 116; *Jesch*, S. 143; *Soergel - Siebert - Glasner*, Rdnr. 79 ff. zu § 839 BGB; *Erman - Westermann - Drees*, Rdnr. 14 ff. zu § 839 BGB; *Belgien:* vgl. *Mast*, Nr. 459; *Velu*, Gerichtsschutz S. 86; *Dänemark:* vgl. *Andersen*, S. 87; *Frankreich:* vgl. *Fromont*, Staatshaftung S. 148 ff., insbesondere 151; *Lücking*, S. 64; *Großbritannien:* vgl. *Street*, Staatshaftung S. 231 ff.; *Chapmann*, S. 383 ff. *Italien:* vgl. *Landi - Potenza*, S. 298; *Sandulli*, S. 635; *Luxemburg:* vgl. *Arendt*, Staatshaftung S. 473 ff. und 479; *Welter*, Gerichtsschutz S. 685; *Niederlande:* vgl. *Asser*, S. 591 ff.

[156] Die Termini Nichtigkeitsklage und Untätigkeitsklage stimmen mit den innerstaatlichen Termini meist nicht überein. Sie werden hier aus Gründen der Einfachheit verwendet, sofern nicht der Sachzusammenhang ein Eingehen auf die jeweiligen nationalen Bezeichnungen erforderlich macht.

[157] *Belgien:* vgl. *Velu*, Gerichtsschutz S. 84 ff.; *Mast*, Nr. 483 ff.; *Bundesrepublik Deutschland:* vgl. §§ 68 ff. VwGO. *Dänemark:* vgl. *Christensen*, Gerichtsschutz S. 114 f.; *Frankreich:* vgl. *Fromont*, Gerichtsschutz S. 226 ff. und 248 ff.; *ders.* Rechtsschutz S. 147 ff.; *Lücking* S. 147 ff.; *Großbritannien:* vgl. *Bradley*, Gerichtsschutz S. 348 ff.; *Irland:* vgl. *Kelly*, Gerichtsschutz S. 431 ff.; *Italien:* vgl. *Alessi*, S. 777; *Bachelet*, Gerichtsschutz S. 495 ff.; *Luxemburg:* vgl. *Bonn*, S. 138 ff.; *Welter*, Gerichtsschutz S. 702 ff.; *Niederlande:* vgl *Langemeijer*, Gerichtsschutz S. 798 ff. und 804 ff.

[158] *Belgien:* vgl. *Velu*, Gerichtsschutz S. 86 f.; *Bundesrepublik Deutschland:* vgl. §§ 68 ff. VwGO; *Dänemark:* vgl. *Christensen*, Gerichtsschutz S. 114 f. und

Rechtsbehelfe, die der EWG-rechtlichen Nichtigkeits- bzw. Untätigkeitsklage entsprechen, wobei jedoch die jeweilige Ausgestaltung ähnlich wie bei der Amtshaftungsklage unterschiedlich ausfällt.

So taucht vor allem die vom EWG-Recht her vertraute Unterscheidung zwischen Nichtigkeits- und Untätigkeitsklage im französischen, belgischen und luxemburgischen Recht nicht auf, weil beide Rechtsbehelfe unter Begriffen wie „recours pour excès de pouvoir"[159] oder „contentieux de l'annulation"[160] zusammengefaßt werden, womit zum Ausdruck kommt, daß die gegen Untätigkeit der Verwaltung gerichteten Klagen — genauso wie im Recht der Montanunion[161] — als Unterfall der Nichtigkeitsklage angesehen werden. Ihren Grund findet diese Gleichstellung in dem Umstand, daß die Ablehnung eines Verwaltungsaktes bzw. die Untätigkeit einer Behörde in den genannten Ländern als Erlaß eines Verwaltungsaktes qualifiziert werden, so daß der in der Untätigkeit zum Ausdruck kommende Verwaltungsakt im Wege der Nichtigkeitsklage angefochten werden kann[162].

Trotz dieser und anderer dogmatischer Unterschiede weisen jedoch alle im vorliegenden Zusammenhang interessierenden Klagen die Gemeinsamkeit auf, daß die Erhebung der Klage an eine Klagefrist gebunden ist, wobei diese Frist je nach Mitgliedstaat zwischen einem Monat und drei Monaten ab Bekanntgabe oder Veröffentlichung des Aktes bzw. ab seiner Ablehnung variiert[163]. An die Stelle der Bekanntgabe tritt

---

119; *Frankreich:* vgl. *Fromont,* Gerichtsschutz S. 248 ff.; *Großbritannien:* vgl. *Bradley,* Gerichtsschutz S. 335 und 355; *Irland:* vgl. *Kelly,* Gerichtsschutz S. 427 und 432; *Italien:* vgl. *Alessi,* S. 777; *Bachelet,* Gerichtsschutz S. 477 und 498; *Luxemburg:* vgl. *Welter,* Gerichtsschutz S. 687 und 705. *Niederlande:* vgl. *Langemeijer,* Gerichtsschutz S. 799 f.

159 Vgl. für Frankreich *Fromont,* Gerichtsschutz S. 248 sowie für Belgien *Velu,* Gerichtsschutz S. 86.

160 Mit diesem z. B. in Luxemburg verwendeten Begriff wird mehr die Art des ergehenden Urteils beschrieben, vgl. *Lücking,* S. 60; *Bonn,* S. 126. Vgl. zur Terminologie auch *Fromont* EuR 1969, 205 f.

161 Vgl. *EuGH* Rspr. GH II, 85; IX, 199; *Roemer* Rspr. GH II, 117; *ders.* Rspr. GH IX, 207; *ders.* SEW 1966, 4; *ders.* Rechtsbescherming S. 34; *Lagrange* Rspr. GH VII, 72 f.; *Jerusalem,* S. 57; *Daig* AöR 83, 177; *Knöpfle* NJW 1959, 554; *ders.* NJW 1961, 2289; *Schermers,* S. 42; *Peters* EuRMon I, 126; *Bandilla,* S. 26; *Schlochauer,* Ophüls Festschrift S. 185; *Boulois* KSE 1, 361 ff.; *Telchini* KSE 1, 376; *Wolf* RMC 1966, 112; *Ule,* Juristentag 1966, Bd. I, 26; *Tizzano,* S. 447.

162 Vgl. etwa im französischen Recht die „décision implicite de rejet", *Fromont,* Gerichtsschutz S. 248, oder im italienischen Recht den „silenzio-rigetto", *Bachelet,* Gerichtsschutz S. 477.

163 *Belgien:* 60 Tage, vgl. Art. 4 Règlement de procédure du Conseil d'Etat; *Mast,* Nr. 518; *Bundesrepublik Deutschland:* 1 Monat, vgl. § 74 Abs. 1 VwGO und § 74 Abs. 2 VwGO, *Frankreich:* 2 Monate, vgl. *Fromont,* Gerichtsschutz S. 252; *Lücking,* S. 83; *Italien:* 60 Tage, vgl. Gesetz vom 8. 2. 1925 Nr. 88 in der Fassung von Art. 36 Testo Unico; *Alessi,* S. 785; *Luxemburg:* 3 Monate, vgl. Art. 11 Abs. 1 Règlement de procédure en matière contentieuse vom 21. 8. 1866; *Bonn,* S. 136 und 147; *Majerus,* S. 159; *Niederlande:* 30 Tage, vgl. Art. 6 BAB. Im übrigen

im Falle der Unterlassung nicht selten die Fiktion einer konkludenten Ablehnung. In diesen Fällen läuft daher ausnahmsweise eine längere Frist[164].

Gleichermaßen ähnlich gestaltet sich in den Rechtsordnungen der Mitgliedstaaten das Erfordernis der Durchführung eines Vorverfahrens, durch welches die später zu verklagende Behörde befaßt werden muß, sofern sie es unterlassen hat, einen Akt zu erlassen[165]. Jedoch besitzt das Vorverfahren häufig nur fakultativen Charakter.

cc) Die unterschiedlichen Fristen bei der Amtshaftungsklage einerseits und der Nichtigkeits- bzw. Untätigkeitsklage andererseits in den Rechtsordnungen der Mitgliedstaaten

Im Gegensatz zur Nichtigkeits- und Untätigkeitsklage kennt die Amtshaftungsklage in den Rechtsordnungen der Mitgliedstaaten keine Prozeßvoraussetzung der Klagefrist. Als einzige Zeitgrenze muß der Amtshaftungskläger ebenso wie im EWG-Recht die Verjährungsfrist beachten, die jedoch jeweils mehrere Jahre beträgt[166].

Dies gilt auch für die französische Amtshaftungsklage, obwohl sie als Unterfall des verwaltungsgerichtlichen „recours de pleine juridiction“[167] zusätzlich der zweimonatigen Klagefrist des französischen Verwaltungsprozesses unterworfen ist[168]. Da diese Klagefrist jedoch erst mit der Bekanntgabe der in dem für Schadensersatzklagen obligatorischen

---

bestehen in den Niederlanden zahlreiche Einzelregelungen. Vgl. zu den Fristen insgesamt *Fromont* EuR 1969, 208.

[164] *Bundesrepublik Deutschland:* 1 Jahr, vgl. § 75 VwGO; *Frankreich:* 4 Monate, vgl. *Fromont,* Staatshaftung S. 173; *ders.* Gerichtsschutz S. 252; *Lücking,* S. 83; *Luxemburg:* 3 Monate, vgl. Art. 31 Gesetz über die Organisation des Conseil d'Etat vom 16. 1. 1866 und vom 20. 7. 1939; *Bonn,* S. 134 und 142; *Italien:* 120 Tage, vgl. Art. 5 Testo Unico; *Scotto* S. 225.

[165] *Belgien:* vgl. *Mast,* Nr. 423 und 530 f.; *Velu,* Gerichtsschutz S. 84; *Bundesrepublik Deutschland:* vgl. §§ 68 ff. VwGO. Die Widerspruchsfrist beträgt nach § 70 VwGO einen Monat; *Dänemark:* vgl. *Christensen,* Gerichtsschutz S. 118; *Frankreich:* vgl. *Fromont,* Gerichtsschutz S. 249; *Großbritannien:* vgl. *Bradley,* Gerichtsschutz S. 350; *Irland:* vgl. *Kelly,* Gerichtsschutz S. 431; *Italien:* vgl. *Bachelet,* Gerichtsschutz S. 496; *Luxemburg:* vgl. *Bonn,* S. 134 und 142; *Welter,* Gerichtsschutz S. 702; *Niederlande:* vgl. *Langemeijer,* Gerichtsschutz S. 804; Vgl. insgesamt auch *Fromont* EuR 1969, 208.

[166] *Belgien:* 5 Jahre, vgl. Art. 21 ff. Code d'instruction criminelle in der Fassung des Gesetzes vom 30. 5. 1961; *Cambier,* Staatshaftung S. 65; *Bundesrepublik Deutschland:* 3 Jahre, vgl. § 852 BGB in Verbindung mit Art. 34 GG und § 839 BGB; *Dänemark:* 5 Jahre, vgl. § 1 Abs. 5 Lov Nr. 274 vom 22. 12. 1908 om foraeldelse af visse fordringer; *Großbritannien:* 3 bis 6 Jahre, vgl. *Street,* Staatshaftung S. 245; *Italien:* 5 Jahre, vgl. Art. 2947 Cc; *Galeotti,* Staatshaftung S. 333; *Luxemburg:* vgl. *Bonn,* S. 136; *Niederlande:* 5 Jahre, vgl. Gesetz vom 31. 10. 1924; *Prins,* Staatshaftung S 501.

[167] Vgl. *Lücking,* S. 58 und 60 ff.

[168] Vgl. *Lücking,* S. 63.

Verwaltungsvorverfahren[169] ergehenden Entscheidung („décision préalable“) zu laufen beginnt und das Vorverfahren seinerseits an keine Frist gebunden ist, wird die vierjährige Verjährungsfrist[170] der französischen Amtshaftungsklage ihrer Bedeutung nicht beraubt.

dd) Die Folge der Verschiedenheit der Fristen

Abgesehen von der noch darzustellenden speziellen Rechtslage in zwei Mitgliedstaaten[171] führt somit der Unterschied in der zeitlichen Begrenzung von Amtshaftungsklage einerseits und Nichtigkeits- bzw. Untätigkeitsklage andererseits bei solchen Amtshaftungsklagen, die auf einen rechtswidrigen Akt oder die rechtswidrige Unterlassung eines Aktes gestützt sind, zu der Konsequenz, daß noch lange, nachdem die Klagemöglichkeit für die Nichtigkeits- bzw. Untätigkeitsklage verstrichen ist, die Rechtmäßigkeit des staatlichen Handelns Gegenstand des Verfahrens nach Art. 215 Abs. 2 EWGV sein kann. Die rechtliche Situation in den nationalen Rechtsordnungen gleicht damit auch in diesem Punkte derjenigen im EWG-Recht.

Zudem weist sie die Parallele auf, daß der Amtshaftungsrichter der Mitgliedstaaten — von den beiden genannten Ausnahmen wiederum abgesehen — ungeachtet des versäumten Verwaltungsvorverfahrens bzw. der verstrichenen Klagefrist für die Nichtigkeits- bzw. Untätigkeitsklage und ungeachtet der daraus resultierenden Bestandskraft des Aktes bzw. (beim Unterlassen) fingierten Aktes, die uneingeschränkte Befugnis besitzt, die Rechtmäßigkeit des staatlichen Handelns inzident zu überprüfen[172].

ee) Der Sonderfall des obligatorischen Vorverfahrens im italienischen und luxemburgischen Recht

Italien und Luxemburg machen hiervon allerdings dann eine Ausnahme, wenn der schadenauslösende Akt bzw. die schadenstiftende

---

[169] Das obligatiorische Vorverfahren ergibt sich aus dem Gesetz Nr. 56.557 vom 7. 6. 1956 und führt dazu, daß die Rechtssache die Gestalt eines Streits gegen einen Akt der Verwaltung annimmt, vgl. *Waline*, Nr. 181; *Lücking*, S. 57 und 61 ff.; *Fromont*, Staatshaftung S. 173.

[170] Gesetz vom 29. 1. 1931, vgl. *Fromont*, Staatshaftung S. 174.

[171] In Italien und Luxemburg; siehe den nachfolgenden Abschnitt.

[172] Für das deutsche Recht ist das nicht mehr streitig, vgl. *BGH* BGHZ 2, 214; 9, 132 *ders.* VersR 1963, 628 f.; *Ule*, 10. *Beiheft* DRZ 1949, 6; *ders.* Verwaltungsprozeßrecht § 34 II; *Bettermann* MDR 1947, 44; Bachof SJZ 1949, 390; *ders.* JZ 1952, 213; *ders.* JZ 1953, 411; *Tiedau* JR 1952, 265; *ders.* MDR 1954, 267 ff.; *Jesch*, S. 147; *Soergel - Siebert - Glaser*, 9. Auflage, Rdnr. 222 zu § 839 BGB; *Belgien:* vgl. Art. 107 Verfassung; *Mast*, Nr. 455 und 522; *Cambier*, Staatshaftung S. 44; *Goffin* DE 1963, 381; *Frankreich:* vgl. *Auby - Drago*, Nr. 738. Ist ausnahmsweise der Zivilrichter zuständig, so muß er aussetzen, vgl. *Lücking*, S. 39 ff.; *Waline*, Nr. 60 ff.; *Odent*, S. 80 ff.; *Niederlande:* vgl. *Prins*, Staatshaftung S. 490. Im englischen, irischen und dänischen Recht taucht diese Frage mangels verschiedener Rechtswege nicht auf.

Unterlassung nicht ein subjektives Recht, sondern lediglich ein rechtliches Interesse — „interesse legittimo"[173] bzw. „intérêt administratif individuel"[174] — verletzt, mit der Folge, daß der Akt bzw. das als Akt fingierte Unterlassen vor Erhebung der Amtshaftungsklage im Wege der Verwaltungsklage aufgehoben werden muß[175]. Ihren Grund findet diese Regelung in der Trennung der Gewalten. Sowohl in Italien als auch in Luxemburg ist die Entscheidung über Schadensersatzbegehren gegen Träger der öffentlichen Gewalt dem Zivilrichter zugewiesen[176], ohne daß ihm jedoch gleichzeitig das Recht verliehen wäre, öffentlich-rechtliche Vorfragen in eigener Zuständigkeit zu entscheiden[177]. Bildet daher die Verletzung eines rechtlichen Interesses durch einen rechtswidrigen Akt bzw. die rechtswidrige Unterlassung eines Aktes im Amtshaftungsprozeß eine Vorfrage, so ist der Richter verpflichtet, das Verfahren entweder auszusetzen oder aber, sofern der einschlägige Verwaltungsprozeß nicht zur Durchführung kommt, die Amtshaftungsklage abzuweisen.

ff) Die Zusammenfassung des bisherigen Gesamtüberblicks

Der damit abgeschlossene Überblick über das System der nationalstaatlichen Amtshaftungs-, Nichtigkeits- und Untätigkeitsklagen hat verdeutlicht, daß sich bei einer auf einen rechtswidrigen Akt bzw. die rechswidrige Unterlassung eines Aktes gestützten Amtshaftungsklage in allen Mitgliedstaaten eine ähnliche rechtliche Konstellation ergibt, die insbesondere auch dadurch gekennzeichnet ist, daß — abgesehen von den zuvor erwähnten Sonderfällen des italienischen und luxemburgischen Rechts — die Rechtswidrigkeit des Aktes bzw. des Unterlassens innerhalb des Amtshaftungsprozesses auch dann noch inzident überprüft werden kann, wenn die Fristen zur Durchführung eines Verwaltungsvorverfahrens sowie die Klagefristen der Nichtigkeits- bzw. Untätigkeitsklage längst abgelaufen sind.

Die Frage, ob es sich auf die Begründetheit der Amtshaftungsklage auswirkt, wenn es der Kläger unterlassen hat, den Akt bzw. die Unterlassung eines Aktes zuvor im Nichtigkeits- bzw. Untätigkeitsprozeß anzugreifen und den Schaden damit abzuwenden, kann daher auch für die Rechtsordnung der Mitgliedstaaten — von Italien und Luxemburg abgesehen — sinnvoll gestellt werden.

---

[173] Vgl. *Galeotti*, Staatshaftung S. 331.

[174] Vgl. *Arendt*, Staatshaftung S. 474.

[175] Vgl. für Italien *Galeotti*, Staatshaftung S. 331 f. und für Luxemburg *Arendt*, Staatshaftung S. 473 ff.; *ders.* Pas. lux. XIV, 19 ff.; *Schroeder*, S. 224.

[176] Vgl. für Italien Art. 2 Gesetz vom 20. 3. 1865 Nr. 2248, Anhang E und für Luxemburg Art. 84 f. Verfassung.

[177] Vgl. für Italien Art. 4 Gesetz vom 20. 3. 1865 Nr. 2248, Anhang E; *Bachelet*, Gerichtsschutz S. 477 und für Luxemburg *Arendt*, Staatshaftung S. 474. Vgl. auch *Jaenicke*, Staatshaftung S. 874.

gg) Der Vergleich der Auswirkungen auf die Begründetheit der innerstaatlichen Amtshaftungsklagen für den Fall, daß es der Kläger unterläßt, den Schaden durch Einleitung eines Verwaltungsvorverfahrens bzw. Erhebung einer Nichtigkeits- bzw. Untätigkeitsklage abzuwenden

Führt der bisherige Rechtsvergleich einschließlich des Vergleichs der hier interessierenden Problemstellung zu einer weitgehenden Übereinstimmung, so zeigen sich beim nun folgenden Vergleich der Problemlösung, nämlich der Frage, ob es sich auf die Begründetheit der innerstaatlichen Amtshaftungsklage auswirkt, wenn es der Kläger unterläßt, den Schaden durch Einleitung eines Verwaltungsvorverfahrens bzw. Erhebung einer Nichtigkeits- bzw. Untätigkeitsklage abzuwenden, erhebliche Abweichungen.

α) *Die Irrelevanz des Problems im italienischen und luxemburgischen Recht*

Schon der Umstand, daß sich das Verhalten des Geschädigten in Italien und Luxemburg auf die Zulässigkeit und nicht die Begründetheit der Amtshaftungsklage auswirkt, trägt dazu entscheidend bei. Indem die italienische und luxemburgische Rechtsordnung bei der Überprüfung der Rechtmäßigkeit des staatlichen Handelns auf die Frage der Zulässigkeit des Rechtsweges abstellen, messen sie im Gegensatz zu den Rechtsordnungen der übrigen Mitgliedstaaten dem Beitrag des Geschädigten an der Entstehung oder Vergrößerung des Schadens keine selbständige Bedeutung bei. Grund der Abweisung der Amtshaftungsklagen in Italien und Luxemburg ist nicht das Verhalten des Geschädigten, sondern der Umstand, daß der Amtshaftungsrichter seine Zuständigkeit verneint[178]. Die Frage des klägerischen Beitrags zum Schaden wird dadurch gar nicht erst relevant.

β) *Die deutsche Spezialregelung des § 839 Abs. 3 BGB*

Im Gegensatz dazu kommt der Frage des klägerischen Schadensbeitrages in den Rechtsordnungen der übrigen Mitgliedstaaten volle Bedeutung zu. Jedoch kennt nur das deutsche Recht — in § 839 Abs. 3 BGB — eine auf den vorliegenden Fall anwendbare Spezialregelung, wonach die Ersatzpflicht dann entfällt, wenn es der Verletzte unterlassen hat, den Schaden durch Gebrauch eines Rechtsmittels abzuwenden; die Klage wird als unbegründet abgewiesen[179].

---

[178] Vgl. *Jaenicke*, Staatshaftung S. 874 f.

[179] Vgl. *Bachof* JZ 1953, 411. Vgl. bzgl. der übrigen Mitgliedsstaaten *Jaenicke*, Staatshaftung S. 873.

Da die Anfechtungs- und Verpflichtungsklage des § 42 VwGO als Rechtsmittel im Sinne dieser Vorschrift angesehen werden[180], kommt § 839 Abs. 3 BGB bei Versäumung der Widerspruchsfrist des § 70 VwGO sowie der Klagefrist des § 74 VwGO, also in Fällen, die den hier behandelten entsprechen, zur Anwendung mit der Folge, daß der Schadensersatzanspruch entfällt.

Generalanwalt Roemer hat, obgleich es sich bei § 839 Abs. 3 BGB um eine Einzelregelung handelt, die in den Rechtsordnungen der übrigen Mitgliedstaaten keine Entsprechung besitzt, den Vorschlag unterbreitet, den Rechtsgedanken des § 839 Abs. 3 BGB auf Art. 215 Abs. 2 EWGV zu übertragen[181]. Abgesehen davon aber, daß es sich bei § 839 Abs. 3 BGB bzw. dem darin enthaltenen Rechtsgedanken um keinen den Rechtsordnungen der Mitgliedstaaten „gemeinsamen" Rechtssatz handelt, ist bei dieser Anregung die Frage offengeblieben, inwieweit es sich bei der Regelung des § 839 Abs. 3 BGB um einen „allgemeinen Rechtsgrundsatz" handelt.

Der Begriff des allgemeinen Rechtsgrundsatzes im Sinne von Art. 215 Abs. 2 EWGV bedarf daher der Klärung.

γ) Die „allgemeinen Rechtsgrundsätze" im Sinne von Art. 215 Abs. 2 EWGV

Die Formulierung „allgemeine" Rechtsgrundsätze in Art. 215 Abs. 2 EWGV[182] macht deutlich, daß es bei dem nach dieser Norm vorgeschriebenen Rechtsvergleich nicht auf die Übereinstimmung von Detailfragen oder Einzelregelungen ankommen kann[183]. Ausreichend aber auch erforderlich ist vielmehr die Auffindung eines weit gefaßten Grundsatzes, der sich dadurch auszeichnet, daß er auf eine Vielzahl von Fällen glei-

---

[180] *RG* RGZ 163, 121; *Knoll*, Juristentag 1955, Bd. I, 136; *Kayser - Leiss*, 2. Kapitel E I, 2 a, cc; *Erman - Westermann - Drees*, Rdnr. 90 f. zu § 839 BGB; *Soergel - Siebert - Glaser*, Rdnr. 231 zu § 839 BGB.

[181] Vgl. Rspr. GH XII, 834. *Roemer* schlug allerdings in Abweichung von § 839 Abs. 3 BGB Abweisung wegen Unzulässigkeit vor. Vgl. weiterhin die ähnlichen Vorschläge von *Ule*, Juristentag 1966, Bd. I, 32 und *Much*, Staatshaftung S. 747; *Roth*, S. 100.

[182] Vgl. die Formulierung „general principles" in Art. 38 Abs. 1 c IGH-Statut. Siehe auch *Lorenz* JZ 1962, 269 ff; *Heldrich*, Rechtsgrundsätze S. 13; *ders.* JZ 1960, 682; *Jaenicke*, Staatshaftung S. 859; *Ipsen*, Gemeinschaftsrecht 5/18; *Lecheler*, S. 3 ff.

[183] So auch *Daig* AöR 83, 183; *Groeben - Boeckh*, Kommentar, Anm. 12 zu Art. 215 EWGV; *Ehle*, Kommentar, Tz. 19 zu Art. 215 EWGV; *Heldrich* EuR 1967, 348 unter Aufgabe seiner in „Die allgemeinen Rechtsgrundsätze der außervertraglichen Schadenshaftung im Bereich der EWG" sowie in JZ 1960, 681 ff. vertretenen Auffassung; *Jaenicke*, Staatshaftung S. 863; *Zweigert* DrCommEur Nr. 1202; *van der Burg* SEW 1969, 209; *Goffin* DrCommEur Nr. 463; *Ipsen*, Gemeinschaftsrecht 5/20.

chermaßen anwendbar ist, also lediglich die ratio[184] zu Einzelregelungen darstellt[185]. Dies ist bei der Vorschrift des § 839 Abs. 3 BGB nicht der Fall[186], so daß sie bei der weiteren Erörterung außer Betracht bleiben muß.

Erst der Verzicht auf die Heranziehung etwaiger nationaler Einzelregelungen ermöglicht es nämlich, sich von einer bloß statistischen mathematischen Synopse zu lösen und damit die vielfach ins Feld geführten Nachteile einer Ausrichtung am gemeinsamen „Minimumstandard“ zu vermeiden[187].

Ist der so verstandene allgemeine Rechtsgrundsatz einmal ermittelt, so kommt dem Europäischen Gerichtshof allerdings die Freiheit zu, die Einzelmerkmale (Mitverschulden, Mitverursachung, Tun, Unterlassen, Ausmaß der Haftungsbeschränkung etc.) innerhalb des durch den Grundsatz gesteckten Rahmens, lediglich an den Belangen des EWG-Vertrages orientiert, selbständig zu definieren[188]. Dies impliziert das Recht, den Rechtsgrundsatz auch dort anzuwenden, wo ihm die eine oder andere Rechtsordnung eines Mitgliedstaates im Einzelfall die Anwendung versagen würde[189].

Für die hier anstehende Frage, ob es sich auf die Begründetheit einer auf einen rechtswidrigen Akt bzw. die rechtswidrige Unterlassung eines Aktes gestützten Amtshaftungsklage auswirkt, wenn es der Kläger unterlassen hat, den Schaden durch Einleitung eines Verwaltungsvorverfahrens bzw. Erhebung einer Nichtigkeits- bzw. Untätigkeitsklage

---

[184] Vgl. *Jaenicke*, Staatshaftung S. 864 f.; *Jurina* ZaöRVR 28, 375; *Fuß* EuR 1968, 355; *ders.* Rechtsstaatsgedanke S. 198.

[185] Im selben Sinne auch *Roemer* Rspr. GH IX, 258; *Much*, Staatshaftung S. 728; *Lagrange* CMLR 1965/66, Bd. III, 32; *Goffin* DrCommEur Nr. 465; *Zweigert* DrCommEur Nr. 1203; *Lecheler*, S. 117 f. und 173; *Nicolaysen* EuR 1973, 383. Anderer Ansicht *Rüber*, S. 32.

[186] Wenn daher Fuß die Feststellung trifft, daß die in § 839 Abs. 3 BGB niedergelegte Regel kein „allgemeines Rechtsprinzip“ darstelle, so muß dem entgegengehalten werden, daß diese Möglichkeit schon per definitionem ausgeschlossen ist, vgl. *Fuß* EuR 1968, 369; *ders.* Rechtsstaatsgedanke S. 114.

[187] Vgl. zur Kritik an dieser These von *Heldrich* (Rechtsgrundsätze S. 19 f. und 162 sowie JZ 1960, 685) *Matthies*, Juristentag 1966 Bd. II, G 65; *Much*, Staatshaftung S. 727 und 846; *Fuß*, Rechtsstaatsgedanke S. 86; *Verdam*, S. 171; *Lorenz*, Festschrift Nipperdey S. 799; *Grisoli*, Principii generali S. 99 f.; *ders.* L'illécito S. 99 ff.; *Zweigert* DrCommEur Nr. 1202; *Ehle*, Kommentar, Tz. 22 zu Art. 215 EWGV; *Roemer* Rspr. GH XVII, 990; Ipsen, Gemeinschaftsrecht 5/19; *Lecheler*, S. 171 f.; *Nicolaysen* EuR 1973, 382 f.; *Heldrich* selbst EuR 1967, 349.

[188] So auch *Roemer* Rspr. GH IX, 258; *ders.* Rspr. GH XVII, 990; *Daig* AöR 83, 183; *Wolf* KSE 1, 200; *Ehle*, Kommentar, Tz. 22 zu Art. 215 EWGV; *Much*, Staatshaftung S. 728; *Dumon* DE 1969, 37 ff., insbesondere 42 f.; *Jurina* ZaöRVR 28, 376; *Lecheler*, S. 118.

[189] Der Vorschlag Nicolaysens, wonach der Gerichtshof die Freiheit besitze, unter den vorhandenen Lösungen die beste zu rezipieren, verdient demgegenüber keine Zustimmung, da er die Verweisung des Art. 215 Abs. 2 EWGV ihrer Bedeutung völlig entkleidet, vgl. *Nicolaysen* EuR 1973, 383.

abzuwenden, bedeuten diese Vorbemerkungen zweierlei: Stellt sich heraus, daß es einen den Rechtsordnungen der Mitgliedstaaten gemeinsamen allgemeinen Rechtsgrundsatz gibt, unter welchem sich eine spezielle Aussage, wie sie zuvor als Frage formuliert wurde, subsumieren läßt — der Gedanke des § 839 Abs. 3 BGB kann dies nicht sein — so kommt es weder darauf an, ob in den jeweiligen Rechtsordnungen die gleiche Subsumtion erfolgen könnte, noch besteht die Notwendigkeit, den Nachweis entsprechender ausdrücklicher Einzelregelungen zu führen; es genügt der Nachweis des allgemeinen Rechtssatzes[190].

Die vergleichende Untersuchung kann sich damit auf allgemeinere nationale Mitverschuldens- bzw. Mitverursachungsregeln beschränken.

hh) Der allgemeine Rechtsgrundsatz, wonach es sich auf die Begründetheit der Amtshaftungsklage auswirkt, wenn das Verhalten des Geschädigten auf die Entstehung oder Ausweitung des Schadens eingewirkt hat

Im Recht der Bundesrepublik Deutschland ist in diesem Zusammenhang die Vorschrift des § 254 BGB heranzuziehen[191], wonach den Geschädigten allgemein die Verpflichtung trifft, den Schaden zu verhindern bzw. eingetretenen Schaden gering zu halten. Verletzt er diese Pflichten schuldhaft oder trägt er, ohne daß ein Verschulden vorliegt, zur Entstehung oder Ausweitung des Schadens bei, so mindert sich sein Anspruch auf Schadensersatz; seine Klage ist — wenigstens teilweise — als unbegründet abzuweisen.

Auch in Großbritannien[192] und Irland[193] wirken sich Mitverschulden und Mitverursachung auf die Haftung des Staates für rechtswidriges Handeln seiner Organe aus. Die Definition der Schuldensbegriffe „fault" und „negligence" weichen dabei naturgemäß von den entsprechenden deutschen Begriffen ab, doch bleibt als gemeinsames sich auf die Begründetheit der Amtshaftungsklage auswirkendes Element festzuhalten, daß die Haftung des Staates in den genannten Ländern auf Grund der Beeinflussung des Schadens durch den Geschädigten Einschränkungen unterworfen ist.

---

[190] Insofern geht *Jaenicke* von einer zu engen Fragestellung aus, vgl. Staatshaftung S. 877 (oben).

[191] § 839 Abs. 3 BGB stellt einen Ausfluß des Mitverschuldensprinzips in § 254 BGB dar, vgl. *Erman - Westermann - Drees*, Rdnr. 89 zu § 839 BGB; *Kayser - Leiss*, Nr. 989; *Luhmann*, S. 94.

[192] Der das „contributory negligence" regelnde Law Reform (Contributory Negligence) Act von 1945 kommt auf die Haftung des Staates nach dem Crown Proceedings Act von 1947 zur Anwendung, vgl. *Chapmann*, S. 19, 22 und 383 ff.; insbesondere S. 388; *Jolowicz - Ellis*, S. 105; *Armitage*, Rdnr. 144; *Koppe*, S. 60 ff. und 99; *Street*, Staatshaftung S. 245; *Bleckmann*, Staatshaftung S. 787.

[193] Vgl. den Civil Liability Act von 1961, Teil 3, Kapitel III, Section 34; *Koppe*, S. 153 ff. und 194.

Das gleiche gilt einschließlich Italiens und Luxemburgs für die Rechtsordnungen der übrigen Mitgliedstaaten[194], wobei die Haftungsbeschränkung dort — restriktiver als in den bisher genannten Ländern — allein vom Vorliegen eines Mitverschuldens abhängig gemacht wird, dessen vermutliches Vorliegen in Italien, Frankreich und den Niederlanden jedoch ausreicht[195].

Hervorzuheben ist noch die Besonderheit, daß sich die belgische und die britische Rechtsordnung dadurch von den übrigen unterscheiden, daß in diesen Ländern ein Unterlassen, mithin auch die unterlassene Einlegung des Rechtsmittels der Nichtigkeits- oder Untätigkeitsklage, nicht zur Haftungsbeschränkung führen kann[196].

Auf diesen Umstand kommt es jedoch angesichts der zuvor definierten Fragestellung nicht mehr an. Weder die restriktive — über die Zulässigkeit gelöste — Regelung in der italienischen und luxemburgischen Rechtsordnung[197] noch die ebenfalls einschränkende deutsche Spezialnorm des § 839 Abs. 3 BGB, noch die relativ großzügige Haftungsregelung in Beligen und Großbritannien können für sich allein genommen auf die Lösung im Rahmen des § 215 Abs. 2 EWGV einwirken.

Entscheidend ist vielmehr der Umstand, daß alle Mitgliedstaaten der Gemeinschaft bei der Haftung des Staates für rechtswidriges Verhalten seiner Organe eine sich auf die Begründetheit der Amtshaftungsklage auswirkende Beschränkung der Haftung kennen, sofern das Verhalten des Geschädigten auf die Entstehung oder Ausweitung des Schadens eingewirkt hat[198].

Dies, die Haftungsbeschränkung für den Fall, daß das Verhalten der Geschädigten auf die Entstehung oder Ausweitung des Schadens einwirkt, ist der den Rechtsordnungen der Mitgliedstaaten gemeinsame, durch den Europäischen Gerichtshof zu konkretisierende allgemeine Rechtsgrundsatz im Sinne von Art. 215 Abs. 2 EWGV.

---

[194] Vgl. für *Belgien: Cambier*, Staatshaftung S. 64; *Schroeder*, S. 218; *Dänemark: Andersen*, S. 156 ff.; *Frankreich: Fromont*, Staatshaftung S. 157; *Heldrich*, Rechtsgrundsätze S. 105; *Bleckmann*, Staatshaftung S. 787; *Much*, Amtshaftung S. 52; *Italien: Galeotti*, Staatshaftung S. 331; *Heldrich*, Rechtsgrundsätze S. 112; *Luxemburg: Schroeder*, S. 220; *die Niederlande: Asser*, S. 496 ff.; *Hofmann - Drion - Wiersma*, S. 161 ff.; *Heldrich*, Rechtsgrundsätze S. 109.

[195] Vgl. *Heldrich*, Rechtsgrundsätze S. 156.

[196] Für Belgien vgl. *Cambier*, Staatshaftung S. 64; *Goffin* DE 1963, 381; *Bleckmann*, Staatshaftung S. 786. Unrichtig: *Schroeder*, S. 218; Für Großbritannien vgl. *Street*, Staatshaftung S. 245; *Bleckmann*, Staatshaftung S. 786.

[197] Vgl. unter Teil II, § 5 B, III 2 a, ee.

[198] Zu einem ähnlichen Ergebnis gelangen *Ehle*, Kommentar, Tz. 65 zu Art. 215 EWGV; *Heldrich*, Rechtsgrundsätze S. 156; *Fuß*, Rechtsstaatsgedanke S. 114; *ders.* EuR 1968, 368 f.; *Jaenicke*, Staatshaftung S. 873 und 876; *Bleckmann*, Staatshaftung S. 786; *Jurina* ZaöRVR 28, 384.

b) Die Anwendung des allgemeinen Rechtsgrundsatzes auf den zur Diskussion gestellten Fall

Der Gerichtshof wird sich bei der Frage, ob es unter diesen allgemeinen Rechtsgrundsatz zu subsumieren ist, wenn es der Kläger unterlassen hat, den Schaden dadurch abzuwenden, daß er den schadenstiftenden Akt bzw. die schadenauslösende Unterlassung eines Aktes durch (rechtzeitige) Einleitung des Verfahrens nach Art. 175 Abs. 2 Satz 1 EWGV bzw. (rechtzeitige) Klageerhebung nach Art. 173 Abs. 3 EWGV oder Art. 175 Abs. 2 Satz 2 EWGV angreift, auf das Prinzip der Prozeßökonomie bzw. der Konzentrationsmaxime besinnen müssen, von denen auch das EWG-Recht beherrscht wird[199]. Ist danach ein Kläger verpflichtet, sein Recht auf dem schnellsten, einfachsten und billigsten Wege zu verfolgen, so muß dies auch im vorliegenden Falle gelten, der zuvor ermittelte allgemeine Rechtsgrundsatz auch hier zur Anwendung kommen.

Als spezieller Grundsatz kann daher aus dem obigen allgemeinen Rechtsgrundsatz die Regel abgeleitet werden, daß es sich auf die Begründetheit[200] einer Amtshaftungsklage nach Art. 215 Abs. 2 EWGV, deren Amtsfehler aus einer rechtswidrigen Maßnahme bzw. dem rechtswidrigen Unterlassen einer Maßnahme eines EG-Organes hergeleitet wird, auswirkt, wenn es der Kläger unterlassen hat, den rechtswidrigen Akt zuvor nach Art. 173 EWGV (rechtzeitig) anzufechten bzw. die rechtswidrige Unterlassung nach Art. 175 EWGV (rechtzeitig) anzugreifen[201].

c) Die Zumutbarkeit der Schadensabwendung im Einzelfall

Diese Regel gilt jedoch nicht ohne die Einschränkung, daß sie nur in dem Maße zur Anwendung kommen darf, wie es dem Kläger theoretisch möglich und praktisch zumutbar ist, eine Nichtigkeits- bzw. Untätigkeitsklage zu erheben oder ein Verfahren nach Art. 175 Abs. 2

---

[199] Vgl. zu den Prinzipien unter Teil II, § 3.

[200] *Roemer* schlug, obgleich er den Gedanken des § 839 Abs. 3 BGB zur Anwendung bringen wollte, eine Abweisung wegen Unzulässigkeit vor, vgl. Rspr. GH XII, 834. Dagegen ist jedoch einzuwenden, daß der Einwand des Mitverschuldens gemäß § 839 Abs. 3 BGB auf die Begründetheit einer Klage und nicht ihre Zulässigkeit abzielt.

[201] Manche Autoren meinen, einen nicht abgeleiteten „allgemeinen Rechtsgrundsatz" nachweisen zu können, wonach derjenige, der es schuldhaft unterläßt, ein Rechtsmittel zur Schadensbehebung zu nutzen, von der Haftung ausgeschlossen sei bzw. Haftungsminderung hinnehmen müsse, vgl. *Roemer* Rspr. GH XII, 834; *Ehle*, Kommentar, Tz. 65 zu Art. 215 EWGV; *Ule*, Juristentag 1966, Bd. I, 32; *Much*, Staatshaftung S. 747; *Ipsen*, Gemeinschaftsrecht 27/8. Ein solcher „Rechtsgrundsatz" existiert — wie dargelegt wurde — nicht. *Fuß* will es daher genügen lassen, daß ein solcher Grundsatz in einigen Mitgliedsstaaten wiederkehrt, vgl. EuR 1968, 369; *ders.* Rechtsstaatsgedanke S. 114.

Satz 1 EWGV einzuleiten[202]. Nichtigkeits- und Untätigkeitsklage müssen daher jeweils geeignet sein, den Schaden zu verhindern bzw. zu beseitigen. Ist der Schaden schon eingetreten, etwa weil der Akt des EG-Organes vollzogen wurde, so ist die Erhebung der Nichtigkeitsklage unter dem Gesichtspunkt der Schadensabwendung nur noch insoweit zumutbar, als dadurch die Entstehung eines größeren oder weiteren Schadens verhindert wird[203].

Weiterhin wird die Erhebung einer Nichtigkeits- bzw. Untätigkeitsklage dem Kläger nur dann zugemutet werden können, wenn er von dem schadenstiftenden Akt bzw. der schadenauslösenden Unterlassung sowie der daraus resultierenden Möglichkeit des Schadenseintritts Kenntnis hatte oder haben mußte.

d) Das Ausmaß der Haftungsminderung

Für das Ausmaß der Haftungsminderung hat sich in den Rechtsordnungen der meisten Mitgliedstaaten das Prinzip durchgesetzt, daß die Haftung je nach Verschulden oder Beteiligungsgrad der beiden Parteien anteilmäßig reduziert wird[204]. Für den Sonderfall, daß der Kläger dadurch auf die Entstehung oder Ausweitung des Schadens einwirkt, daß er die Nichtigkeits- bzw. Untätigkeitsklage nicht erhebt bzw. das Verfahren nach Art. 175 Abs. 2 Satz 1 EWGV nicht einleitet, wird sich eine solche Aufteilung jedoch nicht vornehmen lassen. In der Regelung des § 839 Abs. 3 BGB ist daher konsequenterweise festgelegt worden, daß der Anspruch auf Schadensersatz in den hier behandelten Fällen ganz entfallen, d. h. die Amtshaftungsklage als unbegründet abgewiesen werden soll[205].

---

[202] *Schroeder*, S. 275. Interessant ist in diesem Zusammenhang, daß bei der parallelen Frage, ob der Amtshaftungskläger im nationalen Rechtswege vorgehen und dadurch den rechtswidrigen Akt bzw. die rechtswidrige Unterlassung u. U. zum Gegenstand einer Überprüfung im Verfahren nach Art. 177 EWGV machen müsse, die Zumutbarkeit bisher verneint worden ist, vgl. *Ehle* AWD 1973, 473 f. sowie *EuGH* Rspr. GH XIX, 1070. Allerdings traf der Gerichtshof diese Feststellung nicht unter dem Gesichtspunkt des Mitverschuldens, sondern im Zusammenhang mit der Frage, ob der gemeinschaftliche Rechtsweg gegenüber dem nationalen Subsidiarität besitze. Vgl. auch *Mayras* Rspr. GH XIX, 807; *ders.* Rspr. GH XIX, 1079 ff.

[203] Ähnlich *Ehle*, Kommentar, Tz. 65 zu Art. 215 EWGV; *Much*, Staatshaftung S. 747; *Schroeder*, S. 275.

[204] *Belgien:* vgl. *Cambier*, Staatshaftung S. 64; *Schroeder*, S. 218; *Frankreich:* vgl. *Schroeder*, S. 199; *Heldrich*, Rechtsgrundsätze S. 106; *Großbritannien: Koppe*, S. 27; *Chapmann*, S. 19 und 22; *Jolowicz - Ellis*, S. 105; *Irland:* vgl. *Koppe*, S. 223; *Italien:* vgl. *Heldrich*, Rechtsgrundsätze S. 112; *Niederlande:* vgl. *Asser*, S. 496 ff.; *Hofmann - Drion - Wiersma*, S. 161 ff.; *Heldrich*, Rechtsgrundsätze S. 109.

[205] Vgl. zu dieser die Grundsatzvorschrift des § 254 BGB einschränkenden Regelung *BGH* NJW 1958, 1553; *Jaenicke*, Staatshaftung S. 101; *Schroeder*, S. 164.

Auch die Klage aus Art. 215 Abs. 2 EWGV wird in gleicher Weise als ganze abgewiesen werden müssen.

3. *Zusammenfassung*

Mit diesen Zusatzbemerkungen schließt sich der Problemkreis um die unterlassene Schadensabwendung bei auf rechtswidrige Akte bzw. die rechtswidrige Unterlassung von Akten gestützten Amtshaftungsklagen im Sinne von Art. 215 Abs. 2 EWGV. Der Rückgriff auf die Rechtsordnungen der Mitgliedsstaaten hat gezeigt, daß von der grundsätzlich gegebenen materiellrechtlichen Unabhängigkeit der Amtshaftungsklage von einer unterbliebenen oder wegen Fristversäumnis als unzulässig abgewiesenen Nichtigkeits- bzw. Untätigkeitsklage dann eine Ausnahme zu machen ist, wenn dem Geschädigten zugemutet werden kann, den Schaden durch Einleitung des Vorverfahrens nach Art. 175 Abs. 2 Satz 1 EWGV bzw. Einreichung der Nichtigkeits- bzw. Untätigkeitsklage nach Art. 173 bzw. Art. 175 EWGV abzuwenden. Unterläßt er dies, so wird seine Amtshaftungsklage als unbegründet abgewiesen.

Schlußbetrachtung

Von einer Abhängigkeit der auf einen rechtswidrigen Akt bzw. die rechtswidrige Unterlassung eines Aktes eines EG-Organs gestützten Amtshaftungsklage von der erfolgreichen Durchführung der Nichtigkeits- bzw. Untätigkeitsklage im Recht der Europäischen Wirtschaftsgemeinschaft kann — wie die vorangegangenen Untersuchungen aufgezeigt haben — kaum gesprochen werden. Während für den Bereich der Zulässigkeit der Amtshaftungsklage vollkommene Unabhängigkeit besteht[1], kann sich im Bereich der Begründetheit nur insofern eine Bindung ergeben, als sich die Rechtskraft des abweisenden Urteils der Nichtigkeits- bzw. Untätigkeitsklage auswirkt. Im übrigen ist die Begründetheit der Amtshaftungsklage von der Durchführung oder dem Erfolg der Nichtigkeits- bzw. Untätigkeitsklage unabhängig. Hiervon besteht lediglich für den Fall eine Ausnahme, daß es dem Kläger zumutbar ist, den Schaden durch Erhebung der Nichtigkeits- bzw. Untätigkeitsklage abzuwenden oder zu mindern.

Beide Ausnahmen, Rechtskraftwirkung und Auswirkung des klägerischen Verhaltens, stellen jedoch Einschränkungen dar, die der Amtshaftungsklage nichts von ihrem umfassenden Charakter einer breit und großzügig angelegten Ausgleichsnorm nehmen. Gäbe es die Rechtskraftwirkung des Urteils der Nichtigkeits- bzw. Untätigkeitsklage nicht, so könnte der Amtshaftungsrichter aus Gründen der Logik nicht anders entscheiden als im Prozeß nach Art. 173 EWGV bzw. Art. 175 EWGV. Im Grunde führt daher die Rechtskraftwirkung von Nichtigkeits- und Untätigkeitsurteil keine Abhängigkeit der Amtshaftungsklage herbei, sondern sie bringt lediglich dieselben Grenzen zum Ausdruck, denen der Amtshaftungsprozeß ohnehin unterworfen ist.

Was die Abhängigkeit der Amtshaftungsklage für den Fall anbetrifft, daß der Kläger unterläßt, den Schaden durch Erhebung der Nichtigkeits- bzw. Untätigkeitsklage abzuwenden bzw. zu mindern, so wird ihre Bedeutung dadurch gemindert, daß es sich hierbei um keine starre Regelung handelt, wie sie etwa das dualistische Haftungssystem des Montanrechts kennt, sondern um eine flexibel zu handhabende Konzession an die zumutbare Mitverantwortung des Rechtssuchenden, die gerechtfertigt ist, weil der Geschädigte die Möglichkeit der Steuerung

---

[1] Dies hat der *Gerichtshof* abermals bestätigt, vgl. Rspr. GH XIX, 1055 und 1070.

selbst in der Hand behält und in jedem Einzelfall eine gesonderte Prüfung erfolgt.

Mit dieser Ausgestaltung des einzigen wirklichen Falles von Abhängigkeit der Amtshaftungsklage von der erfolgreichen Durchführung der Nichtigkeits- bzw. Untätigkeitsklage ist aber gewährleistet, daß die Amtshaftungsklage des EWG-Rechts ihre Bedeutung als umfassendes Rechtsschutzinstitut im Grunde voll entfaltet. Der Marktbürger, der es hinnehmen muß, daß sein unmittelbarer Rechtsschutz in zahlreichen Fällen auf Grund der einschränkenden Formulierung der Artikel 173 und 175 EWGV beschnitten ist, besitzt damit die Möglichkeit, seinen durch den rechtswidrigen Akt bzw. die rechtswidrige Unterlassung des Aktes entstandenen Schaden nahezu uneingeschränkt zu liquidieren. Dies ist um so bedeutender, als die Maßnahmen und Akte der Organe der Europäischen Wirtschaftsgemeinschaft noch immer ohne parlamentarische Kontrolle ergehen.

Anhang

Französische Fassung von Art. 34 Abs. 1 Satz 3 EGKSV

"En cas de préjudice direct et spécial subi par une entreprise ou un groupe d'entreprises du fait d'une décision ou d'une recommandation reconnue par la Cour entachée d'une faute de nature à engager la responsabilité de la Communauté, la Haute Autorité est tenue de prendre, en usant des pouvoirs qui lui sont reconnus par des dispositions du présent traité, les mesures propres à assurer une équitable réparation du préjudice résultant directement de la décision ou de la recommandation annulée et d'accorder, en tant que de besoin une juste indemnité."

Französische Fassung von Art. 40 Abs. 1 EGKSV

"Sous réserve des dispositions de l'article 34, alinéa 1, la Cour est compétente pour accorder, sur demande de la partie lésée, une réparation pécuniaire à la charge de la Communauté, en cas de préjudice causé dans l'exécution du présent traité par une faute de service de la Communauté."

Literaturverzeichnis

Alessi: Principii di diritto amministrativo, Band II, Mailand 1966

Andersen: Offentligretligt Erstatningsansvar, Kopenhagen 1938

André: Zur Rechtskraft und Gestaltungswirkung der Urteile des Europäischen Gerichtshofs im Anfechtungsprozeß, EuR 1967, 97 ff

Arendt: La responsabilité de l'Etat pour le comportement illégal de ses organes, Luxembourg, Beiträge zum ausländischen öffentlichen Recht und Völkerrecht, Band 44, S. 447 ff., Köln, Berlin 1967
zitiert: Staatshaftung

— La Responsabilité de la puissance publique en droit luxembourgeois, Pasicrisie luxembourgeoise, Recueil de la jurisprudence luxembourgeoise, Band XIV, 1951, Cronique S. 1 ff.
zitiert: Pas. lux.

Armitage: Clerk & Lindsell on Torts, 12. Auflage, London 1961

Asser: Handeling tot de beoefening van het nederlands burgerlijk recht, Band III. Verbintenissenrecht Teil 2: De overeenkomst en de verbintenis uit de wet, 2. Auflage, Zwolle 1961

Auby - Drago: Traité de Contentieux Administratif, Paris 1962

Bachelet: La protection juridictionelle du particulier contre le pouvoir exécutif en Italie, Beiträge zum ausländischen öffentlichen Recht und Völkerrecht, Band 52/1, S. 469 ff., Köln, Berlin, Bonn, München 1969
zitiert: Gerichtsschutz

Bachof: Verwaltungsgerichtsbarkeit und Jusitiz, SJZ 1949, 378 ff.

— Die Nachprüfbarkeit rechtsgestalteter Verwaltungsakte im Rechtsstreit über vermögensrechtliche Ansprüche aus dem Beamtenverhältnis, JZ 1952, 211 ff.

— Anmerkung zu BGHZ 9, 129, JZ 1953, 411 ff.

— Die Verwaltungsgerichtliche Klage auf Vornahme einer Amtshandlung, Tübingen 1951
zitiert: Vornahmeklage

Ballerstedt: Übernationale und nationale Marktordnung, Tübingen 1955

Bandilla: Das Klagerecht der Mitgliedstaaten der Europäischen Gemeinschaften gegen Durchgriffsakte, Hamburg 1965

Bayer: Das Privatrecht der Montanunion, Zeitschrift für ausländisches und internationales Privatrecht, Band 17, S. 325 ff

Bebr: Judicial Control of the European Communities, London 1962
zitiert: Judicial Control

— Recours en annulation et en carence, Droit des Communautés Européennes, Ganshof v. der Mersch, Brüssel 1969, Nr. 868 ff.
zitiert: DrCommEur

Bebr : Judicial remedy of private parties against normative acts of the European Community: The role of exception of illegality, De individuele rechtsbescherming in de europese gemeenschappen, Antwerpen, Leuven, Gent Brüssel, Kortrijk 1967, S. 68 ff.
zitiert: Rechtsbescherming

— Prozeßmaximen, KSE 1, 84 f.

— The relation of the European coal and steel law to the law of the Member States: a peculiar legal symbiosis, Columbia Law Review 1958 S. 767 ff.
zitiert: CLR 1958

Berber: Lehrbuch des Völkerrechts, Band I, Allgemeines Friedensrecht, München, Berlin 1960

Berié - Miller: Gemeinsamer Markt und Euratom, Kommentar, Herne, Berlin 1957

Bernhardt: Die Auslegung völkerrechtlicher Verträge, insbesondere in der neuen Rechtsprechung internationaler Gerichte, Beiträge zum ausländischen öffentlichen Recht und Völkerrecht, Band 40, Köln, Berlin 1963
zitiert: Auslegung

— Zur Anfechtung von Verwaltungsakten durch Dritte, JZ 1963, 302 ff.

Bettermann: Rechtsweg und richterliche Kontrolle von Verwaltungsakten, insbesondere in der Wohnungszwangswirtschaft, MDR 1947, 44 ff.

Blanchet: Korreferat, KSE 1, 343 ff.

Bleckmann: Art und Umfang der Wiedergutmachung. Vergleichender Sachbericht, Beiträge zum ausländischen öffentlichen Recht und Völkerrecht, Band 44, S. 780 ff., Köln, Berlin 1967
zitiert: Staatshaftung

— Das Ziel des gerichtlichen Rechtsschutzes: Schutz des Einzelnen oder objektive Kontrolle der vollziehenden Gewalt? Die Rolle der Klagebefugnis, Beiträge zum ausländischen öffentlichen Recht und Völkerrecht, Band 52/3, S. 21 ff., Köln, Berlin, Bonn, München 1971
zitiert: Gerichtsschutz

Bonaert u. a. Fragen der Nichtigkeits- und Untätigkeitsklagen nach dem Recht der Europäischen Gemeinschaft für Kohle und Stahl im Lichte der Rechtsprechung des Europäischen Gerichtshofs, Frankfurt/M 1961

Bonn: Le contentieux Administratif en Droit Luxembourgeois, Luxemburg 1966

Börner: Empfiehlt es sich, die Bestimmungen des Europäischen Gemeinschaftsrechts über den Rechtsschutz zu ändern oder zu ergänzen? Verhandlungen des 46. Deutschen Juristentages, Band II, Teil G, S. 9 ff., München, Berlin 1967 = KSE 17, 1 ff.
zitiert: Juristentag

— Diskussionsbeitrag, Collection scientifique de la faculté de droit de l'université de Liège, Band 22, S. 283, Den Haag 1965
zitiert: Fusion

Boulois: Die Untätigkeitsklage, KSE 1, 358 ff.

Bradley: Judicial Protection of the Individual against the Executive in Great Britain, Beiträge zum ausländischen öffentlichen Recht und Völkerrecht, Band 52/1, S. 327 ff., Köln, Berlin, Bonn, München 1969
zitiert: Gerichtsschutz

Breitner: Europäische Gerichtsbarkeit. Das Justizrecht der supranationalen europäischen Gemeinschaften, Dokumente. Herausgegeben von der Forschungsstelle für Völkerrecht und ausländisches öffentliches Recht der Universität Hamburg, Heft 11, S. 1 ff.

Bülow: Anmerkung zum Urteil des EuGH in Rspr. GH IX, 211 ff., AWD 1963, 243 ff.

van der Burg: De niet-contractuelle aansprakelijkheid der europese gemeenschappen en de jurisprudentie van het hof van justitie, SEW 1969, 198 ff.

Cambier: La responsabilité de l'Etat pour le comportement illégal de ses organes, Beiträge zum ausländischen öffentlichen Recht und Völkerrecht, Band 44, S. 41 ff., Köln, Berlin 1967
zitiert: Staatshaftung

— Droit administratif, Brüssel 1968
zitiert: Droit administratif

— Diskussionsbeitrag, Beiträge zum ausländischen öffentlichen Recht und Völkerrecht, Band 44, S. 850 f., Köln, Berlin 1967
zitiert: Staatshaftung

Cartou: La concurrence du recours en annulation avec l'action en réparation des domages, KSE 1, 326 ff.

Catalano: Manuel de Droit des Communautés Européennes, 2. Auflage, Paris 1964
zitiert: Manuel

— Les voies de recours ouvertes aux personnes physiques ou morales contre les actes non réglementaires de la commission CEE, SEW 1965, 525 ff.

— Manuale di diritto delle Communità Europee, 2. Auflage, Mailand 1965
zitiert: Manuale

Chapmann: Statues on the Law of Torts, London 1962

Christensen: Der gerichtliche Rechtsschutz des Einzelnen gegenüber der vollziehenden Gewalt in Dänemark, Beiträge zum ausländischen öffentlichen Recht und Völkerrecht, Band 52/1, S. 113 ff., Köln, Berlin, Bonn, München 1969
zitiert: Gerichtsschutz

Constaninesco: Die unmittelbare Anwendbarkeit von Gemeinschaftsnormen und der Rechtsschutz von Einzelpersonen im Recht der EWG, Schriftenreihe zum Handbuch für Europäische Wirtschaft, Band 40, Baden-Baden 1969
zitiert: Schriftenreihe

— Diskussionsbeitrag, Actes officiels du congrès international d'études sur la Communauté Européenne du Charbon et de l'Acier, Band IV, 3. Teil, S. 348 ff., Mailand 1958
zitiert: Actes officiels

Dagtoglou: Ersatzpflicht des Staates bei legislativen Unrecht?, Recht und Staat in Geschichte und Gegenwart. Eine Sammlung von Vorträgen und Schriften aus dem Gebiet der gesamten Staatswissenschaften, Heft 265/66, Tübingen 1963

Dahm: Völkerrecht Band I, Stuttgart 1958

Daig: Die Gerichtsbarkeit in der Europäischen Wirtschaftsgemeinschaft und der Europäischen Atomgemeinschaft, AöR 83, 132 ff.

— Zum Klagerecht von Privatpersonen nach Art. 173 Abs. 2 EWG-Vertrag, 146 Abs. 2 EAG-Vertrag, Festschrift für Otto Riese, S. 187 ff., Karlsruhe 1964
zitiert: Festschrift Riese

— Aktuelle Fragen der Vorabentscheidung nach Art. 177 EWGV unter besonderer Berücksichtigung von Rechtsprechung und Praxis des Europäischen Gerichtshofs, EuR 1968, 259 ff.

— Réparation d'un préjudice; indemnité, Actes officiels du congrès international d'études sur la Communauté Européenne du Charbon et de l'Acier, Band IV, 1. Teil, Kapitel II, § 3, 51 ff., Mailand 1958
zitiert: Actes officiels

Danner: Die Klagemöglichkeit privater Personen gegen Maßnahmen der Kommission, die an Mitgliedstaaten gerichtet sind, nach Artikel 173 Abs. 2 EWG-Vertrag, Dissertation, München 1965

Däubler: Die Klage der EWG-Kommission gegen einen Mitgliedstaat, NJW 1968, 325 ff.

Deringer: Diskussionsbeitrag, Verhandlungen des 46. Deutschen Juristentages, Band II, Teil G, S. 100 ff., München, Berlin 1967

Dumon: La responsabilité extracontractuelle des communautés européennes et de leurs agents, Art. 40 CECA, 215 CEE et 188 CEEA, DE 1969, 3 ff.

Dutheillet de Lamothe: Schlußanträge zur Rechtsprechung des Europäischen Gerichtshofes

Ehle: Klage- und Prozeßrecht des EWG-Vertrages, Kommentar, Berlin 1966
zitiert: Kommentar

— Inzidenter Rechtschutz gegen Handlungen der Europäischen Gemeinschaftsorgane, MDR 1964, S. 719 ff.

— Nichtigkeitsklage privater Personen nach dem EWG-Vertrag, NJW 1963, 2193 ff.

— Reformbedürftigkeit der Rechtsschutzbestimmungen des Vertrages der Europäischen Wirtschaftsgemeinschaft, WRP 1964, 153 ff.

— Wirtschaftslenkung und Verfassungsrechtsschutz im Gemeinsamen Markt, AWD 1963, 157 ff.

— Vorlage an den Europäischen Gerichtshof gemäß Artikel 177 EWG-Vertrag, NJW 1963, 933 ff.

— Zulässigkeit einer Anfechtungs- und Schadensersatzklage bei der Erhebung von Ausgleichsabgaben, AWD 1973, 472 ff.

Erman - Westermann: Handkommentar zum Bürgerlichen Gesetzbuch, 5. Auflage Münster/Westfalen 1972

Euler: Europäisches Beamtenstatut. Kommentar zum Beamtenstatut der EWG und EAG, KSE 4 c

Eyermann - Fröhler: Verwaltungsgerichtsordnung, 6. Auflage, München, Berlin 1974

Fromont: La responsabilité de l'Etat pour le comportement illégal de ses organes, France, Beiträge zum ausländischen öffentlichen Recht und Völkerrecht, Band 44, S. 135 ff., Köln, Berlin 1967
zitiert: Staatshaftung

Fromont: La protection juridictionelle du particulier contre le pouvoir exécutif en France, Beiträge zum ausländischen öffentlichen Recht und Völkerrecht, Band 52/1, S. 221 ff., Köln, Berlin, Bonn, München 1969
zitiert: Gerichtsschutz

— Der Rechtsschutz gegen Maßnahmen der Verwaltung im Europa der Sechs, EuR 1969, 202 ff.

— Rechtsschutz gegenüber der Verwaltung in Deutschland, Frankreich und den europäischen Gemeinschaften, Köln, Berlin, Bonn, München 1967
zitiert: Rechtsschutz

Frowein: Die Staatshaftung im Rechts- und Verfassungssystem. Vergleichender Sachbericht, Beiträge zum ausländischen öffentlichen Recht und Völkerrecht, Band 44, S. 795 ff., Köln, Berlin 1967
zitiert: Staatshaftung

Funck: Prozeßvoraussetzungen, KSE 1, 60 ff.

Fuß: Zur Rechtsstaatlichkeit der Europäischen Gemeinschaften, DöV 1964, 577 ff.

— Die Europäischen Gemeinschaften und der Rechtsstaatsgedanke, Heule 1968
zitiert: Rechtsstaatsgedanke

— Klagebefugnis Privater gegen die an einen Mitgliedstaat gerichteten Entscheidungen der EWG-Kommission, EuGH XI, 547, JuS 1967, 552 ff.

— Grundfragen der Gemeinschaftshaftung, EuR 1968, 353 ff.

— Rechtssatz und Einzelakt im Europäischen Gemeinschaftsrecht, NJW 1964, 327 ff.

— Rechtssatz und Einzelakt im Europäischen Gemeinschaftsrecht, NJW 1964, 945 ff.

— Anmerkung zum Urteil des Europäischen Gerichtshofs in Rspr. GH XIV, 173 ff., DVBl. 1968, 463 ff.

Galeotti: La responsabilité de l'Etat pour le comportement illégal de ses organes, Italie, Beiträge zum ausländischen öffentlichen Recht und Völkerrecht, Band 44, S. 295 ff., Köln, Berlin 1967
zitiert: Staatshaftung

— Diskussionsbeitrag, Beiträge zum ausländischen öffentlichen Recht und Völkerrecht, Band 44, S. 842 f., Köln, Berlin 1967
zitiert: Staatshaftung

Gand: Schlußanträge zur Rechtsprechung des Europäischen Gerichtshofs

Gaudet: La coopération judiciaire, instrument d'édification de l'ordre juridique communautaire, Festschrift für Walter Hallstein zu seinem 65. Geburtstag, Frankfurt/M. 1966
zitiert: Festschrift Hallstein

Geisseler: Empfiehlt es sich, die Bestimmungen über den Rechtsschutz zu ändern?, KSE 1, 599 ff.

Glaesner: Anmerkung zum Urteil des Europäischen Gerichtshofs vom 11. 7. 1968, EuR 1969, 153 ff.

Goffin: Anmerkung zum Urteil des Europäischen Gerichtshofs in Rspr. GH IX, 211 ff., CMLR 1963/64, Band I, 354 ff.

— La responsabilité non contractuelle des communautés, Droit des Communautés Européennes, Ganshof v. der Mersch, Brüssel 1969, Nr. 420 ff.
zitiert: DrCommEur

Goffin: Recours en indemnité, Droit des Communautés Européennes, Ganshof v. der Mersch, Brüssel 1969, Nr. 940 ff.
zitiert: DrCommEur

— La responsabilité de la Communauté économique européenne et de l'Euratom, JT 1963, 237 ff.

— De niet-contractuelle aansprakelijkheid der Europese Gemeenschappen, RW 1963, 2080 ff. und 2144 ff.

— La responsabilité de la CEE. Peut-elle être engagée par un acte non annulé de la commission?, DE 1963, 376 ff.

— La responsabilité de la CECA du chef de fautes différentes de la faute de service, JT 1963, 113 ff.

— La responsabilité de la CECA du chef d'une faute de service, JT 1962, 689 ff.

— De rechtsbescherming in de Europese Gemeenschappen, Juridische aspecten van de europese integratie, S. 113 ff., Leuven 1964
zitiert: Juridische aspecten

Gotschlich: Nachprüfbarkeit von EWG-Entscheidungen durch den Europäischen Gerichtshof im Verfahren der Vorabentscheidung, AWD 1964, 43 ff.

Grasetti: Protection judiciaire, Actes officiels du congrés international d'études sur la Communauté Européenne du Charbon et de l'Acier, Band IV, 1. Teil, Kapitel V, S. 80 ff., Mailand 1958
zitiert: Actes officiels

Grisoli: Alcune considerazioni sulla responsabilità aquiliana delle communità economiche europee, RDCO 1961, 104 ff.

— Contributo alla ricerca dei principii generali communi ai diritti degli stati della communità europea in materia di responsabilità extracontrattuale, Pavia 1963
zitiert: Principii generali

— L'illécito e la responsabilità delle Commune Europee, Padua 1970
zitiert: L'illécito

v. der Groeben - v. Boeckh: Handbuch für Europäische Wirtschaft, Loseblatt-Ausgabe in laufender Folge, Baden-Baden 1966
zitiert: Groeben - Boeckh, Kommentar

Günther: Die Präklusion neuer Angriffs-, Verteidigungs- und Beweismittel im Verfahren vor dem Gerichtshof der Europäischen Gemeinschaften, KSE 12, 1 ff.

Gutsche: Die Bindungswirkung der Urteile des Europäischen Gerichtshofs, Studien zum internationalen Wirtschafts- und Atomenergierecht, Band 31, Göttingen 1967

Hammes: La Court de Justice des Communautés Européennes, Texte provisoire 1959

Heldrich: Anmerkung zur Rechtsprechung des Europäischen Gerichtshofs, EuR 1967, 344 ff.

— Artikel 215 Abs. 2 des Vertrages über die Europäische Wirtschaftsgemeinschaft — ein Irrweg zur europäischen Rechtseinheit, JZ 1960, 681 ff.

— Die allgemeinen Rechtsgrundsätze der außervertraglichen Schadenshaftung im Bereich der Europäischen Wirtschaftsgemeinschaft, Arbeiten zur Rechts-

vergleichung, Schriftenreihe der Gesellschaft für Rechtsvergleichung, Hamburg, Band 10, Frankfurt/M., Berlin 1961
zitiert: Rechtsgrundsätze

Hofmann-Drion - Wiersma: Het nederlands verbintenissenrecht. De algemene leer der verbintenissen, 2. Teil, 8. Auflage, Gronigen 1959

Ipsen: Richtlinien — Ergebnisse, Festschrift für Carl Friedrich Ophüls, S. 67 ff., Karlsruhe 1965
zitiert: Festschrift Ophüls

— Anmerkung zur Rechtsprechung des Europäischen Gerichtshofs, EuR 1966, 55 ff.

— Europäisches Gemeinschaftsrecht, Tübingen 1972
zitiert: Gemeinschaftsrecht

Jaenicke: Die Haftung des Staates für rechtswidriges Verhalten seiner Organe, Bundesrepublik Deutschland, Beiträge zum ausländischen öffentlichen Recht und Völkerrecht, Band 44, S. 69 ff., Köln, Berlin 1967
zitiert: Staatshaftung

— Diskussionsbeitrag, Beiträge zum ausländischen öffentlichen Recht und Völkerrecht, Band 44, S. 848, Köln, Berlin 1967
zitiert: Staatshaftung

— Die Staatshaftung in rechtsvergleichender Sicht. Ergebnisse des Kolloquiums, Beiträge zum ausländischen öffentlichen Recht und Völkerrecht, Band 44, S. 859 ff., Köln, Berlin 1967
zitiert: Staatshaftung

— Buchbesprechung zu Muchs „Amtshaftung", ZaöRVR 15, 313 f.

Jerusalem: Das Recht der Montanunion, Berlin, Frankfurt/M. 1954

Jesch: Die Bindung des Zivilrichters an Verwaltungsakte, Dissertation, Erlangen 1956

Jolowicz- Ellis: Winfried on Torts, 8. Auflage, London 1967

Jurina: Die Auslegung von Artikel 215 Abs. 2 EWGV durch den Gerichtshof der Europäischen Gemeinschaften, ZaöRVR 28, 365 ff.

Katzenstein: Entschädigungspflicht des Staates aus rechtswidrig schuldloser Ausübung öffentlicher Gewalt, MDR 52, 193 ff.

Kayser - Leiss: Die Amsthaftung bei Ausübung öffentlicher Gewalt, 2. Auflage, München, Berlin 1958

Kelly: Judicial Protection of the Individual against the Executive in the Republic of Ireland, Beiträge zum ausländischen öffentlichen Recht und Völkerrecht, Band 52/1, S. 425 ff., Köln, Berlin, Bonn, München 1969
zitiert: Gerichtsschutz

Knoll: Das Verfahren zur Geltendmachung von Ansprüchen auf Ausgleich von Schäden, welche durch die Wahrnehmung von Hoheitsrechten entstanden sind, Verhandlungen des 41. Deutschen Juristentages, Band I, 1. Halbband, S. 85 ff., Tübingen 1955
zitiert: Juristentag

Knöpfle: Korreferat, KSE 1, 351 ff.

— Das Verhältnis der Amtshaftungsklage zur Nichtigkeitsklage im Montanvertrag, NJW 1961, 2287 ff.

Knöpfle: Das Klagerecht Privater vor dem Gerichtshof der Europäischen Gemeinschaften, NJW 1959, 553 ff.

Koppe: Das mitwirkende Verschulden des Verletzten (contributory negligence) im englischen und irischen Schadensersatzrecht, Dissertation, München 1970

Krawielicki: Strukturunterschiede zwischen dem Montanvertrag und dem Vertrag über die Europäische Wirtschaftsgemeinschaft und ihr Einfluß auf die Fusion der Verträge, Festschrift für Philipp Möhring, S. 484 ff., München, Berlin 1965

Lagrange: Est-il à recommander d'amender les règles concernant la protection juridique?, KSE 1, 606 ff.

— The non-contractual liability of the community in the ECSC and in the EEC, CMLR 1965/66, Band III, 10 ff.

— Die Rechtsnatur der Europäischen Gemeinschaft für Kohle und Stahl und der Europäischen Wirtschaftsgemeinschaft, ZfgHRWR 124, 95 ff.

— Schlußanträge zur Rechtsprechung des Europäischen Gerichtshofs

Landi - Potenza: Manuale di diritto amministrativo, 2. Auflage, Mailand 1963

Langemeijer: Der gerichtliche Rechtsschutz des Einzelnen gegenüber der vollziehenden Gewalt, Beiträge zum ausländischen öffentlichen Recht und Völkerrecht, Band 52/2, S. 793 ff., Köln, Berlin, Bonn, München 1970
zitiert: Gerichtsschutz

Lecheler: Die allgemeinen Rechtsgrundsätze in der Rechtsprechung des Europäischen Gerichtshofs, Dissertation, Bamberg 1967

Lorenz: Rechtsvergleichung als Methode zur Kokretisierung der allgemeinen Grundsätze des Rechts, JZ 1962, 269 ff.

— Rechtsvergleichung am Gerichtshof der Europäischen Gemeinschaften, Festschrift für H. C. Nipperdey zum 70. Geburtstag, Band II, S. 797 ff.

Lücking: Die Grundlagen der französischen Verwaltungsgerichtsbarkeit, Beiträge zum öffentlichen Recht, herausgegeben von Prof. Dr. H. Armbruster, Würzburg 1955

Luhmann: Öffentlich-rechtliche Entschädigung rechtspolitisch betrachtet, Schriftenreihe der Hochschule Speyer, Band 24, Berlin 1965

Mailänder: Privater Rechtsschutz im Recht der europäischen Wirtschaftsgemeinschaft, Betrieb 1965, 1312 ff.

Majerus: L'état luxembourgeois. Manuel de droit constitutionnel, 2. Auflage, Luxemburg 1959

Maleville: Les recours devant le Conseil d'Etat, Juris Classeur administratif 1969, Fasicule 619, Paris

Mast: Précis de Droit administratif, Brüssel, Gent 1966

Mathijsen: La fusion des voies de droit, Collection scientifique de la faculté de droit de l'université de Liège, Band 22, S. 91 ff., Den Haag 1965
zitiert: Fusion

— Le Droit de la Communauté européenne du Charbon et de l'Acier, Den Haag 1958
zitiert: Droit CECA

Matthies: Empfiehlt es sich, die Bestimmungen des Europäischen Gemeinschaftsrechts über den Rechtsschutz zu ändern oder zu ergänzen?, Verhandlungen des 46. Deutschen Juristentages, Band II, Teil G, S. 53 ff., München, Berlin 1967
zitiert: Juristentag

— Die Bindungswirkung von Urteilen des Gerichtshofs der Europäischen Gemeinschaften, Festschrift für Walter Hallstein zu seinem 65. Geburtstag, S. 304 ff., Frankfurt/M. 1966
zitiert: Festschrift Hallstein

— Das Recht der Europäischen Gemeinschaft für Kohle und Stahl und die nationalen Gerichte der Mitgliedstaaten, JZ 1954, 305 ff.

— Zur Nachprüfungsbefugnis des Gerichtshofs der Montanunion, ZaöRVR 16, 427 ff.

— Prozeßmaximen, KSE 1, 136 ff.

Mayras: Schlußanträge zur Rechtsprechung des Europäischen Gerichtshofs

Migliazza: La corte di giustizia delle communità europee, Mailand 1961

Möller: Die Verordnungen der Europäischen Gemeinschaften, Studien zum internationalen Wirtschaftsrecht und Atomenergierecht, Band 30, Göttingen 1967

Morvay: Die Haftung des Staates für rechtssetzende Akte. Vergleichender Sachbericht, Beiträge zum ausländischen öffentlichen Recht und Völkerrecht, Band 44, S. 767 ff., Köln, Berlin 1967
zitiert: Staatshaftung

Mosler: Der Vertrag über die Europäische Gemeinschaft für Kohle und Stahl. Entstehung und Qualifizierung, ZaöRVR 14, 1 ff.

Much: Die Haftung der Europäischen Gemeinschaften für das rechtswidrige Verhalten ihrer Organe, Beiträge zum ausländischen öffentlichen Recht und Völkerrecht, Band 44, S. 723 ff., Köln, Berlin 1967
zitiert: Staatshaftung

— Diskussionsbeitrag, Beiträge zum ausländischen öffentlichen Recht und Völkerrecht, Band 44, S. 845 ff., Köln, Berlin 1967
zitiert: Staatshaftung

— Rechtliche Grundsatzfragen zur Erweiterung der Europäischen Gemeinschaften, EuR 1972, 324 ff.

— Die Amtshaftung im Recht der Europäischen Gemeinschaft für Kohle und Stahl, Frankfurt/M 1952
zitiert: Amtshaftung

Münch: Die Gerichtsbarkeit im Schumanplan, Festschrift für Laun zu seinem 70. Geburtstag, S. 123 ff., Hamburg 1953
zitiert: Festschrift Laun (70)

— Die Entwicklung der europäischen Gerichtsbarkeit, Festschrift für Laun zu seinem 80. Geburtstag, S. 324 ff., Göttingen 1962
zitiert: Festschrift Laun (80)

Mylord: Zur Frage des Rechtsschutzes „Dritter" im Rechtssystem der Europäischen Gemeinschaft für Kohle und Stahl, WuW 1957, 483 ff.

Nass: Die erweiterte Gemeinschaft zwischen Identität und Wandel, NJW 1973, 393 ff.

Neri: Prozeßvoraussetzungen, KSE 1, 68 ff.

— Le recours en annulation dans les communautés européennes. Rôle et limites, RMC 1967, 452 ff.

— La protection juridictionelle des particuliers dans les communautés européennes, Heule 1965
zitiert: Protection

Nicolaysen: Bericht über die aktuelle Entwicklung des Gemeinschaftsrechts, NJW 1963, 2209 ff.

— Die Anwendung des Europäischen Gemeinschaftsrechts in Dänemark, Großbritannien, Irland und Norwegen, KSE 15, 93 ff.

— Der Gerichtshof — Funktion und Bewährung der Judikative, EuR 1973, 375 ff.

— Anmerkung zum Urteil des Europäischen Gerichtshofs vom 15. 1. 1974, EuR 1974, 159 ff.

de Nova: Le recours des entreprises contre les décisions générales de la Haute Autorité, Actes officiels du congrès international d'études sur la Communauté Européenne du Charbon et de l'Acier, Band IV, 2. Teil, S. 113 ff., Mailand 1958
zitiert: Actes officiels

Odent: Contentieux administratif, Paris 1965/66

Ophüls: Diskussionsbeitrag, KSE 1, 615

— Quellen und Aufbau des Europäischen Gemeinschaftsrechts, NJW 1963, 1967 ff.

— Gerichtsbarkeit und Rechtsprechung im Schumanplan, NJW 1951, 693 ff.

Peters: De niet — contractuele aansprakelijkheid van de europese gemeenschappen, SEW 1968, 462 ff.

— De toegang van particulieren tot het Hof van Justitie der Europese gemeenschappen, Individuele rechtsbescherming in de Europese Gemeenschappen, EurMon I, 101 ff., Deventer, Antwerpen 1964

Prins: Die Haftung des Staates für rechtswidriges Verhalten seiner Organe, Niederlande, Beiträge zum ausländischen öffentlichen Recht und Völkerrecht, Band 44, S. 487 ff., Köln, Berlin 1967
zitiert: Staatshaftung

Quadri - Monaco - Trabucchi: Trattato istitutivo della Communità Economica Europea, Band III, Mailand 1965
zitiert: Quadri

Raschauer: Der Beitritt Großbritanniens zu den Europäischen Gemeinschaften, Änderungen im Recht Großbritanniens, ZaöRVR 32, 616 ff.

Rasquin - Chevallier: L'article 173 alinéa 2 du Traité CEE, RTDE 1966, 31 ff.

Reuter: La Communauté européenne du Charbon et de l'Acier, Paris 1953

Richter: Die Grundlagen der Haftung für „faute de service" im französischen Staatshaftungsrecht. Ein Beitrag zur Umbildung des deutschen Rechts, Arbeiten zur Rechtsvergleichung, Schriftenreihe der Gesellschaft für Rechtvergleichung, Band 27, Frankfurt/M., Berlin 1965

Riese: Über den Rechtsschutz der Privatpersonen und Unternehmen in der Europäischen Wirtschaftsgemeinschaft, Festschrift für Walter Hallstein, S. 414 ff., Frankfurt/M. 1966
zitiert: Festschrift Hallstein

— Über den Rechtsschutz innerhalb der Europäischen Gemeinschaften, EuR 1966, 24 ff.

Rietz: Die Vorabentscheidung im Recht der Europäischen Gemeinschaften, Dissertation, Berlin 1962

Rivero: Droit administratif, 3. Auflage, Paris 1965

Roemer: Schlußanträge zur Rechtsprechung des Europäischen Gerichtshofs

— Die Untätigkeitsklage im Recht der Europäischen Gemeinschaften, SEW 1966, 1 ff.

— Die Untätigkeitsklage im Recht der Europäischen Gemeinschaften, De individuele Rechtsbescherming in de Europese Gemeenschappen, S. 33 ff., Antwerpen, Leuven, Gent, Brüssel, Kortrijk 1967
zitiert: Rechtsbescherming

Roth: Amtshaftung neben Nichtigkeits- und Untätigkeitsklage im Recht der EWG, ZfgHRWR 138, 80 ff.

Rüber: Der Gerichtshof der Europäischen Gemeinschaften und die Konkretisierung allgemeiner Rechtsgrundsätze, Dissertation, Köln 1970

Samkalden: Anmerkung zur Rechtsprechung des Europäischen Gerichtshofs, SEW 1961, 150 ff.

Sandulli: Manuale di diritto amministrativo, 8. Auflage, Neapel 1964

Schack: Die Haftung des Staates für die am Gesetzgebungsverfahren beteiligten Organe, DöV 1971, 446 ff.

— Ersatzpflicht des Staates bei „legislativem Unrecht“, MDR 1968, 186 ff.

Schermers: De middelen waarmee een beroep voor het Hof van Justitie van de Europese Gemeenschappen kan worden ingestelld, Individuele rechtsbescherming in de Europese Gemeenschappen, S. 19 ff., Deventer, Antwerpen 1964

Schlochauer: Der Rechtsschutz gegenüber der Tätigkeit internationaler und übernationaler Behörden, Schriften des Instituts für Ausländisches und Internationales Wirtschaftsrecht, Band I, Frankfurt/M. 1952
zitiert: Rechtsschutz

— Die Gerichtsbarkeit der Europäischen Gemeinschaft für Kohle und Stahl, AVR 3, 385 ff.

— Die Zuständigkeit des Gerichtshofs der Europäischen Gemeinschaften, Festschrift für Ophüls, S. 167 ff., Karlsruhe 1965

Schoeneberg: Korreferat, KSE 1, 373 ff.

Schroeder: Ersatzleistungen für rechtmäßige und rechtswidrige hoheitliche Maßnahmen der Europäischen Wirtschaftsgemeinschaft, Dissertation, Freiburg i. B. 1970

Schüle: Grenzen der Klagebefugnis vor dem Gerichtshof der Montanunion, ZaöRVR 16, 227 ff.

Schumann: Das Verhältnis des deutschen Richters zum Gerichtshof der Europäischen Gemeinschaften, ZZP 78, 77 ff.

Scotto: Manuale di diritto amministrativo e costituzionale, 3. Auflage, Rom 1965

Seybold: Das Individuum vor dem Gerichtshof der Europäischen Gemeinschaften, Dissertation, Würzburg 1967

v. Simson: Zur Kritik am Rechtsschutz in den Europäischen Gemeinschaften, DVBl. 1966, 653 ff.

Soergel - Siebert: Bürgerliches Gesetzbuch, Band III, 9. Auflage 1962 bzw. 10. Auflage 1969, Stuttgart.
zitiert mit dem Namen des Bearbeiters

Somer: De la responsabilité de la CEE en sa qualité de législatur, DE 1959, 1 ff.

de Soto: Diskussionsbeitrag, Beiträge zum ausländischen öffentlichen Recht und Völkerrecht, Band 44, S. 841, Köln, Berlin 1967
zitiert: Staatshaftung

Sperduti: Die Schadenersatzklage und ihr Verhältnis zur Nichtigkeitsklage, KSE 1, 323 ff.

Steinberger: Die fehlerhafte Amtshandlung als tatbestandliche Grundlage der Haftung des Staates im hoheitlichen Bereich. Vergleichender Sachbericht, Beiträge zum ausländischen öffentlichen Recht und Völkerrecht, Band 44, S. 753 ff., Köln, Berlin 1967
zitiert: Staatshaftung

Steindorff: Die Nichtigkeitsklage im Recht der Europäischen Gemeinschaft für Kohle und Stahl, Frankfurt/M. 1952
zitiert: Nichtigkeitsklage

— Montanfremde Unternehmen in der Europäischen Gemeinschaft für Kohle und Stahl, JZ 1953, 718 ff.

— Rechtsschutz und Verfahren im Recht der europäischen Gemeinschaften, Baden-Baden 1964
zitiert: Rechtsschutz

— Die Nichtigkeitsklage in den Verträgen der Europäischen Gemeinschaften, De individuele rechtsbescherming in de europese Gemeenschappen, S. 50 ff., Antwerpen, Leuven, Gent, Brüssel, Kortrijk 1967
zitiert: Rechtsbescherming

Strauß: Der Gerichtshof der Europäischen Gemeinschaften und seine Rechtsprechung, Staat und Wirtschaft im nationalen und übernationalen Recht, Schriftenreihe der Hochschule Speyer, Band 22, S. 203 ff., Berlin 1964

Street: Liability of the State for Illegal Conduct of its Organs, Great Britain, Beiträge zum ausländischen öffentlichen Recht und Völkerrecht, Band 44, S. 229 ff., Köln, Berlin 1967
zitiert: Staatshaftung

Suetens: La Communauté européenne du charbon et de l'acier. Section V, Champ d'application ratione personae et ratione materiae, Droit des Communautés Européennes, Ganshof v. der Mersch, Brüssel 1969, Nr. 1343 ff.

Telchini: Korreferat, KSE 1, 376 ff.

Thieme: Das Grundgesetz und die öffentliche Gewalt internationaler Staatengemeinschaften, VVdStRL 18, 50 ff.

Thierfelder: Die Entscheidung im EWG-Vertrag, Universität Hamburg, Abhandlungen aus dem Seminar für öffentliches Recht, Heft 56, Hamburg 1968

Tiedau: Zum Verbleib der Amtshaftungsklage im Zivilrechtsweg, JR 1952, 263
— Die Nachprüfung von Verwaltungsakten im Zivilprozeßrecht, MDR 1954, 267

Tizzano: La Corte di Giustizia delle Communità Europee, Neapel 1967

Tomuschat: Die gerichtliche Vorabentscheidung nach den Verträgen über die Europäischen Gemeinschaften, Köln, Berlin 1964

Ule: Der Gerichtshof der Montangemeinschaft als europäisches Verwaltungsgericht, DVBl. 1952, 65 ff.
— Gerichtlicher Rechtsschutz in der Montangemeinschaft, Betrieb 1952, 244 ff.
— Die neue Verwaltungsgerichtsbarkeit und das Verhältnis von Justiz und Verwaltung, 10. Beiheft DRZ 1949
— Verwaltungsprozeßrecht, Ein Studienbuch, 5. Auflage, München 1971
zitiert: Verwaltungsprozeßrecht
— Empfiehlt es sich, die Bestimmungen des europäischen Gemeinschaftsrechts über den Rechtsschutz zu ändern oder zu ergänzen?, Verhandlungen des 46. Deutschen Juristentages, Band I, S. 1 ff., München, Berlin 1967
zitiert: Juristentag
— Der gerichtliche Rechtsschutz des Einzelnen gegenüber der vollziehenden Gewalt in den Europäischen Gemeinschaften, Beiträge zum ausländischen öffentlichen Recht und Völkerrecht, Band 52/2, S. 1179 ff., Köln, Berlin, Bonn, München 1970
zitiert: Gerichtsschutz

Ulmer: Der Unternehmensbegriff im Vertrag der Europäischen Gemeinschaft für Kohle und Stahl, Heidelberg 1960

Valentine: The Court of Justice of the European Community, Band I, London, South Hackensack, N. J. 1965

Vedel: Droit administratif, 4. Auflage, Paris 1968

Velu: La protection juridictionelle du particulier contre le pouvoir exécutif en Belgique, Beiträge zum ausländischen öffentlichen Recht und Völkerrecht, Band 52/1, S. 55 ff., Köln, Berlin, Bonn, München 1969
zitiert: Gerichtsschutz

Verdam: De privaatrechtlijke cortractuele aansprakelijkheid der EEG, Volkenrechtlijke opstelen, aangeboden aan Prof. van der Molen, Kempen 1962

Verdross: Völkerrecht, 5. Auflage, Wien 1964

de Vergottini: La responsabilità aquiliana delle istituzioni della CECA nel trattato e nella giurisprudenza della corte, RTDP 1963, 91 ff.

Vignes: Chronique sur le droit européen. A propos des recours des particuliers contre les décisions communautaires, RDIC 1964, 109 ff.

Vogel: Der gerichtliche Rechtschutz des Einzelnen gegenüber der vollziehenden Gewalt in der Bundesrepublik Deutschland, Beiträge zum ausländischen öffentlichen Recht und Völkerrecht, Band 52/1, S. 127 ff., Köln, Berlin, Bonn, München 1969
zitiert: Gerichtsschutz

Waline: Droit administratif, 9. Auflage, Paris 1963

Weidinger: Der Rechtsschnutz betroffener Dritter im Kartellverwaltungsrecht der Europäischen Wirtschaftsgemeinschaft, Stuttgart 1968

Welter: La protection juridictionnelle de l'individu contre le pouvoir exécutif au Luxembourg, Beiträge zum ausländischen öffentlichen Recht und Völkerrecht, Band 52/2, S. 679 ff., Köln, Bonn, Berlin, München 1970
zitiert: Gerichtsschutz

Wenner: Probleme des Rechtsschutzes in der EWG-Getreidemarktordnung, AWD 1962, 347 f.

— Rechtsschutz gegenüber Rechtssetzungen aufgrund des Vertrages über die Europäische Wirtschaftsgemeinschaft, AWD 1961, 64 ff.

Wohlfarth: Anfänge einer europäischen Rechtsordnung und ihr Verhätlnis zum deutschen Recht, Juristenjahrbuch 1962/63, Band III, S. 241 ff.
zitiert: Anfänge

Wohlfarth - Everling - Glaesner - Sprung: Die Europäische Wirtschaftsgemeinschaft, Kommentar, Berlin, Frankfurt/M. 1960
zitiert: Wohlfarth, Kommentar

Wolany: Diskussionsbeitrag, Actes officiels du congrés international d'études sur la Communauté Européenne du Charbon et de l'Acier, Band IV, 3. Teil, S. 345 ff., Mailand 1958
zitiert: Actes officiels

Wolf: Le recours en carence dans le droit des communautés européennes, RMC 1966, 111 ff.

— Korreferat, KSE 1, 193 ff.

Zweigert: Empfiehlt es sich, die Bestimmungen über den Rechtsschutz zu ändern?, KSE 1, 580 ff.

— Les principes généraux du droit des états membres, Droit des Communautés Européennes, Ganshof v. der Mersch, Brüssel 1969, Nr. 1198 ff.

Materialien: Rapport de la Délégation Française sur le Traité instituant la Communauté Européenne du Charbon et de l'Acier et la Convention relative aux dispositions transitoires, signé à Paris le 18 avril 1951, Ministère des Affaires Etrangères, Paris 1951
zitiert: Délégation Française

FSC
www.fsc.org
MIX
Papier | Fördert gute Waldnutzung
FSC® C083411

Kolibri 360 GmbH
Ferdinand-Jühlke-Straße 7
99095 Erfurt, Deutschland
produktsicherheit@kolibri360.de

Druck:
CPI Druckdienstleistungen GmbH
im Auftrag der
Kolibri 360 GmbH
Ferdinand-Jühlke-Str. 7
99095 Erfurt